大家小书

语文漫话

吕叔湘 著
张伯江 编

北京出版集团
北京出版社

图书在版编目（CIP）数据

语文漫话 / 吕叔湘著 ；张伯江编．— 北京 ：北京出版社，2020.6

（大家小书）

ISBN 978-7-200-15349-1

Ⅰ. ①语… Ⅱ. ①吕… ②张… Ⅲ. ①汉语—语言学—通俗读物 Ⅳ. ① H1-49

中国版本图书馆 CIP 数据核字（2020）第 011077 号

总 策 划：安　东　高立志　　责任编辑：高立志　陈霄元

·大家小书·

语文漫话

YUWEN MANHUA

吕叔湘　著　张伯江　编

出　　版　北京出版集团
　　　　　北京出版社

地　　址　北京北三环中路 6 号

邮　　编　100120

网　　址　www.bph.com.cn

总 发 行　北京出版集团

印　　刷　北京华联印刷有限公司

经　　销　新华书店

开　　本　880 毫米 ×1230 毫米　1/32

印　　张　9.25

字　　数　145.6 千字

版　　次　2020 年 6 月第 1 版

印　　次　2023 年 2 月第 2 次印刷

书　　号　ISBN 978-7-200-15349-1

定　　价　48.00 元

如有印装质量问题，由本社负责调换

质量监督电话　010-58572393

总　　序

袁行霈

“大家小书”，是一个很俏皮的名称。此所谓“大家”，包括两方面的含义：一、书的作者是大家；二、书是写给大家看的，是大家的读物。所谓“小书”者，只是就其篇幅而言，篇幅显得小一些罢了。若论学术性则不但不轻，有些倒是相当重。其实，篇幅大小也是相对的，一部书十万字，在今天的印刷条件下，似乎算小书，若在老子、孔子的时代，又何尝就小呢？

编辑这套丛书，有一个用意就是节省读者的时间，让读者在较短的时间内获得较多的知识。在信息爆炸的时代，人们要学的东西太多了。补习，遂成为经常的需要。如果不善于补习，东抓一把，西抓一把，今天补这，明天补那，效果未必很好。如果把读书当成吃补药，还会失去读书时应有的那份从容和快乐。这套丛书每本的篇幅都小，读者即使细细地阅读慢慢地体味，也花不了多少时间，可以充分享受读书的乐趣。如果把它们当成补药来吃也行，剂量小，吃起来方便，消化起来也容易。

我们还有一个用意，就是想做一点文化积累的工作。把那些经过时间考验的、读者认同的著作，搜集到一起印刷出版，使之不至于泯没。有些书曾经畅销一时，但现在已经不容易得到；有些书当时或许没有引起很多人注意，但时间证明它们价值不菲。这两类书都需要挖掘出来，让它们重现光芒。科技类的图书偏重实用，一过时就不会有太多读者了，除了研究科技史的人还要用到之外。人文科学则不然，有许多书是常读常新的。然而，这套丛书也不都是旧书的重版，我们也想请一些著名的学者新写一些学术性和普及性兼备的小书，以满足读者日益增长的需求。

“大家小书”的开本不大，读者可以揣进衣兜里，随时随地掏出来读上几页。在路边等人的时候，在排队买戏票的时候，在车上、在公园里，都可以读。这样的读者多了，会为社会增添一些文化的色彩和学习的气氛，岂不是一件好事吗？

“大家小书”出版在即，出版社同志命我撰序说明原委。既然这套丛书标示书之小，序言当然也应以短小为宜。该说的都说了，就此搁笔吧。

语言之妙，妙不可言

——跟吕叔湘先生学语文

张伯江

吕叔湘先生是影响了一个时代的语言学大家。像所有的学术大家一样，他把学术普及看得跟学术研究一样重要。吕先生著作等身，一生的著述大概有八百万字。他的写作，最大的一个特点就是，我们很难从他的著作目录里清楚地指出，哪些是专门的学术著作，哪些是普及性的通俗读物。他的学术专著，如《中国文法要略》，开卷的那几段话，读来竟是那样的亲切，平实，引人入胜；他的随笔杂记，像《未晚斋语文漫谈》，也常常是在轻松的文字里，渗透着深刻的语言规律思考，往往引发后续学者的跟进研究，取得重要的理论突破。

吕叔湘先生写过不少专门的普及性读物。大至七十年前导致“全民学语法”的《语法修辞讲话》，小至近些年来反复重印的《语文常谈》，都是广为人知。笔者跟随吕先生工作学习多年，深深感觉先生那些著作，不论鸿篇巨制，还是轻灵小品，到处传达出他的理性智慧和对汉语的独到感悟。于是，当北京出版社跟我谈及编选一本吕先生的普及性“大家小书”时，我非常高兴地承担下来。我很欣赏北京出版社这种独特的眼光，不是找一本现成的小书重印出版，而是为读者着想，选编出最有价值，最有可读性，又能最全面反映吕先生语言学见解的通俗性文字，集在一起，让读者在轻松愉快的阅读中漫游语言的世界。

下面就分别谈谈书中所选几类文章的总体特点。

作为中国语言学界的一代宗师，总有义务正面回答一下“语言是什么？”“语言学是什么？”这样的问题。吕叔湘先生在概论性的书籍，在通俗的讲话，在百科全书的专文，都曾有过阐述。这次我们选的是现在不太常见的吕先生早期通俗性小书《语言和文字》和《语法学习》中的几个段落，系统介绍了语言学的主要内容以及语法的基本单位。书中先从常识性的发音和音响说起，引出音素的概念，再给音素赋予意义，就讲到了语素。有了语素，就可以讲语法是怎么回事了，整个语言结构至此就完整搭建起来了。此后，再讲这个结构的其他侧面：什么是文字？什么是书面语和口语？语言是怎么变化的？方言是怎么回事？语言能不能比较？各种语言的共同之处是什么？语言学跟其他学科的关系是什么？……每个话题，都是寥寥数语，要言不烦，连缀起来，就活生生形成一个语言学的万花筒。这其中，吕先生一生写的最多的，就是语法问题的文字，大到理论构建，小到词语辨析和描写。与多数语法学者不同的是，他总能从深奥的理论辩驳和繁琐的语法描写中跳出来，用最浅显，最接近普通人直感的平实口气，把语法的道理轻轻松松讲明白。他为《中国大百科全书》写过权威性的专文《语言和语言研究》，也为中学语文教师写过详备的专著《中国文法要略》，即便是这样的庄重文体，他也不愿意板起面孔，让人读来难以亲近。到了写常识性读物的时候，他就更擅长把学院式的知识和道理，拉回常人的身边，让人感觉语言的道道，就在自己的生活日常里。

《文言与白话》写作于白话文运动兴起二十多年以后。到那个时候，常人还有“文言是古代的拉丁文，白话是现代的意大利语”那样的简单模糊认识。吕先生用了一万多字的篇幅，给了这两个概念以更准确的界说。文章是写给一般公众看的，明白晓畅，循循善诱；同时又讲透了汉语历史语言学一个深刻的道理，到现在还是语言学者的基本遵循。《汉字和拼音字的比较》跟上一篇有异曲同工之妙，针对的是民众对拼音化的种种疑虑，写法上则更加妙趣横生。主客对话的方式，让讲道理的过程更加生动，直率，辩驳性强。吕先生对汉语拼音化问题的看法终生未变。即便是七十多年后社会通信工具发生了巨大变化后的今天，读起这篇文章来，仍然不得不折服于其中深刻而睿智的学理。这两篇文章可以说全面反映了吕先生对汉语文过去和将来的思考，我们用了“语文今昔谈”这个简单的题目，或许不能完整表达先生对这个重大话题的深重思考和倾其一生的实践。1985年，当改革开放已经全面展开，中国走向现代化的脚步日益加快，计算机很快就要在文化生活中登场之际，八十高龄的吕先生，给《中国青年报》投去了一篇长文，对青年朋友深入浅出地讲解了汉语和汉字的关系，讲了汉语、汉字的演变和方言问题，联系面向现代化和面向世界，评论了汉语和汉字存在的种种问题，语重心长地说：“青年朋友们，未来是属于你们的。你们继承了一份语文遗产，它既有很多优点，也有不少缺点。怎么样发扬它的优点，克服它的缺点，就有赖于你们的努力了。”

语言与文化一度是语言学者避谈的话题，吕叔湘先生对此却一直保有持续不衰的兴趣。在本书第一部分“语言和语言学”里，吕先生就谈过语言学与历史的关系，语言学与哲学、与心理学、与文学的关系。这里我们选了几篇专门议及语言学与社会、历史、文化和心理诸方面关系的文章。吕先生并不是把这些当作语言学的“边缘”看待的。他说：语言是什么？说是“工具”。什么工具？说是“人们交流思想的工具”。可是打开任何一本讲语言的书来看，都只看见“工具”，“人们”没有了。他于是特别强调语言的“人”的方面：语言与人们的社会生活，语言与人们的民族文化，语言与人们的交际心理。一个时期人们的用语，甚至专名，都会有社会风尚、宗教信仰等方面的印记，《语言作为一种社会现象》《人名与佛教》两文里举了大量生动有趣的实例。关于笑话的一篇尤其有意思，文章使人们意识到，原来古往今来笑话的形成，不外是谐声、拆字、歧义、歇后等语言手段的运用，也就是说，人们不是被动地使用语言工具，还常常主动调用它的种种技能，把交际行为制造得妙趣横生，活色生香。

语言运用到了艺术的程度，就是文学了，因此文学的妙处，常常需要从语言的角度去品评。拿翻译工作来说，有人以为，那就是两种语言之间的对译问题，吕先生却不这样看。他认为，做翻译，首先你得是个杂学家，没有丰富的相关文化知识，就难免会译错；做翻译你最好得有源语言的文学知识，你才能准确把握原文里使用的典故；还有，“好的翻译应当是不但是把意思翻对了，并且把语气也译出来”，这就是对译者文学修养的很高要求了。叶圣陶先生对吕叔湘的翻译艺术不吝赞美之辞："并臻信达兼今雅，译事群钦夙擅场。"吕先生自己知道做翻译的甘苦，他曾经说："咱们知道，每一种语言习惯的背后有一种与此密切联系的语言心理。要是咱们能把自己浸润在这种语言心理里头，就会觉得这种语言处处有意义，处处合理；要是不能透入这种语言心理，其势一定是怀持着甲种语言心理（本国语的）去观察乙种语言习惯（外国语的），自然要觉得处处无意义，处处不合理了。正如大人要理解小孩的举动，必须浸入儿童的心理，是一样的道理。"其实这段话的意义已经不限于翻译工作了，更可以说是他的语言观。王宗炎先生曾经这样评价吕叔湘的翻译艺术："吕叔湘先生的译文有它的独特而一贯的风格：清晰、简洁、细致、研炼。他的译笔像天际行云一般的舒卷自如，能曲达原著的意境和丰神，而又自然流畅，字字熨帖。只有一个有语言学家的眼，同时又有诗人的心的人，才能有这样卓越的成就。"我们特地选了吕先生《中诗英译比录》的序言，可以让读者从他对译诗的品评中，看到"语言学家的眼"和"诗人的心"。

除了翻译作品以外，吕先生一生几乎没有做过文学创作，但他是不是远离文学呢？恰恰相反，除去语言学专业书籍以外，他看的最多的就是文学作品，而且跟文学界朋友叶圣陶、何其芳、俞平伯、钱锺书、施蛰存等人保持着近密的交往。他对文学也有他的看法，对修辞，对文风，对文体风格，对古今体裁，对成语的运用，对作品词句的推敲，经常发表他的意见，甚至不留情面地提出批评。

先生八十寿辰、九十寿辰和百年诞辰时学界都举行过庆祝和纪念活动，学者们在盛赞吕先生学术成就的同时，说得最多的，就是他的社会责任感。的确，吕先生在身体力行那些事关国家文化建设大事的同时，他的责任意识也体现在他一生写作的方方面面：专业的学术论著中，他为同行着想，把艰深的理论讲得条理分明，逻辑清楚；写给公众的语法修辞讲话，他尽量少用术语，结合写作实例讲解事理和学理；为宪法和法律推敲文字时，他紧扣语句意义，务使法律操作性强，严谨无歧义；议及作家们的文学创作，他结合古今中外文学经验，评判文风，维护汉语规范，力倡现代新文学风格的塑造；主持《现代汉语词典》的编纂，他亲自拟定编写细则，确定了明确、周密、通顺、简洁的释义风格……这本小书选收了吕先生不同类型的小品文字，虽然不是正面观览他那些传诸后世的重要论著，但一样能够反映他的学术精神，能够在阅读中感受他处处为读者着想、为公众着想的道德风范。

需要说明的是，本书所选内容，来自吕先生不同时期、不同体裁的各种文字，原文体例出入较大，编选的时候做了少许的裁剪（如注文等），有些段落添加了小标题。这是为一般读者的方便。如果读者有兴趣深究相关问题，还请参阅辽宁教育出版社2002年出版的《吕叔湘全集》（共十九卷），以该书为准。

感谢吕叔湘先生家属的大力支持，感谢北京出版社吕克农先生、高立志先生的策划，感谢责任编辑陈霄元为此书付出的辛苦。

2019年12月

目 录

语言和语言学

一　语言和语言学

什么叫语言和语言学

什么叫“语言”？语言就是人们说的话。世界上的人说的不是一种话：一个民族有一个民族的话，英国人说英国话，日本人说日本话，汉人说汉话。再往小里说，一个地方有一个地方的话，北京人说北京话，上海人说上海话，东庄的人说东庄话，西村的人说西村话。就因为这样，您要问世界上有多少种话，竟无从回答一个数目。如果按汉语、英语这样的单位来算，大概也短不了千儿八百吧。

研究语言的学问叫作语言学。研究语言的一般情况叫作普通语言学，研究某一种语言的可以带上那种语言的名字，比如汉语语言学、英语语言学，等等，简单点也可以叫作汉语学、英语学，等等。

发音和音响

人们说话是为了彼此交际，也就是互相传达意思，包括思想、感情、要求，等等。用来传达意思的媒介是声音，可必得是人们嘴里发出来的声音，就是所谓语音。一张琴、一支笛也能传达一定的意思，可那不是语言，至多也只是“音乐的语言”。声音和意义，这是语言的两面，是缺一不可的。如果有两位外国朋友在那儿说话，咱们听不懂他们说什么，就只听见他们唧唧呱呱。对于咱们，这唧唧呱呱只是些无意义的声音，咱们承认那是语言，只是“推己及人”，知道那些声音是有交际的作用罢了。跟这个相反，咱们自己人说话的时候，就只注意话里头的意思，几乎忘了这些意思是通过一定的声音传来传去的。一般说来，只有研究语言的人才会同时注意声音和意义。

说话的声音，出于一人之口，入于另一人之耳，研究语音也就可以从两方面着眼。一方面，咱们研究人类的发音器官怎样发出各种各样的声音，这些发音器官怎样互相配合，互相制约，有哪些发音部位，有哪些发音方法，怎样辨别这些变化无穷的声音：研究这些个的是发音学。另一方面，咱们研究各个声音的听觉印象，研究声音的高和低，轻和重，长和短，粗和细，脆和软，能不能延续，有没有共鸣，等等：研究这些个的是音响学。语音的这两个方面是密切相关的，两方面的结果是互相说明的。研究语音，特别是音响方面，光凭听觉是不容易得到精密的结果的，得依靠各种仪器的帮助。发音学对于仪器的倚赖比较少些，发展也就比较早些。音响学是直到最近一二十年，也就是声谱仪等仪器发明之后，才大大地发展起来的。使用仪器研究语音叫作实验语音学。

音素

可以把语音作为声音来研究，也可以把语音作为语音来研究。这个话怎么讲呢？人类发音器官所能发出的声音几乎是无限的，但是每一种语言都只利用了其中的一部分，这个语言里所用的声音那个语言里不一定都用上。这些用来做语言材料的声音又并合成为为数不多的音素（一种语言里一般只有几十个），这些音素又有一定的组合方式。拿北京话做例，音节的界限比较清楚；一个音节可以有四个声调；一个音节，除了作为音节中心的单元音或复元音以外，前头可以有一个辅音，但是不能有两个，后头只能有/n ŋ r/，不能有别的辅音；有些辅音只出现在/a e o u/的前头，有些辅音只出现在/i ü/的前头，如此等等，这就是北京话的语音结构。研究一种语言的语音结构，也就是它的音素和音素的组合，这是音素学。很明显，发音学和音响学都是有普遍性的，音素学则主要是拿个别的语言做对象，虽然也很有些共同的道理。

以上所说都可以包括在语音学之内。这是广义的语音学。要是严格一点说，发音学是语音生理学，音响学是语音物理学，只有音素的研究是用语言学的方法来研究语音，所以有些语言学家把“语音学”这个名称限制在这个范围之内。

语素

语音怎样传达意义呢？比如有这么一句话：Wǒ men qián tiān yòu kàn jiàn le rén zào wèi xīng，意思是“我们前天又看见了人造卫星”，这里边说到一些人和一个物件，说到这些人跟这个物件在什么时间发生了什么关系（有了某种方式的交涉），并且说到这不是第一次。是不是这一串声音是一个整体，这一串意思也是一个整体，用前者传达后者，两者都不能分析呢？假如咱们得到的材料只是这一点儿，就无法做出结论，不能肯定，也不能否定。假如咱们得到大量的材料，就会发现有好些句话跟这句话部分相同，也就是说，这句话的每一个部分都在别的话里重复出现。换句话说，这句话是可以分析的，可以分析成十二个单位，每个单位用一定的语音跟一定的意义相联系。这样的单位叫作语素。音素和语素是语言的两个基本单位，可是两个平面上的东西，音素没有意义，语素有意义，一般是几个音素构成一个语素，有时候一个音素也能构成一个语素（像汉语的语气助词 a）；汉语的语素大多数是一个音节，可是也有两个音节或更长的（像hú lu和penisilin，后者是外来语）。

每个语素都有意义，可有时候两个或者更多的语素组合起来之后不等于原有的几个意义简单地加在一起，而是另有一个新的特定的意义，像“前天”“和平”“古往今来”。一个语言的语素和具有特定意义的语素组合，总起来构成这个语言的语汇。罗列一个语言的语汇，解释每一个语汇单位的意义的是词典。词典是语汇研究的成果。

语法

语素以一定的方式互相组合。“一定的方式”包含三层意思。

（一）语素的组合有一定的层次。比如上面那句话的十二个语素，组合的情况是这样：

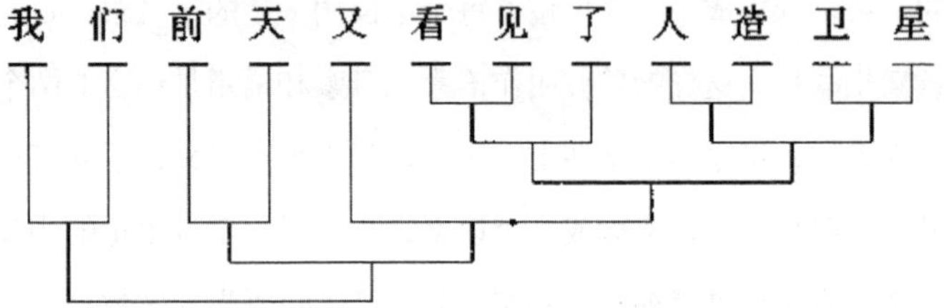

语素和语素组合成为结构，结构和结构或者结构和语素又组合成新的结构，上面这个例子包含十一个结构。

（二）一个结构的成分的排列有一定的次序。比如“看见”不能说成“见看”，“看见了”不能说成“看了见”，“人造卫星”不能说成“卫星人造”（这是法语的说法），整个这句话不能说成“我们看见了人造卫星又前天”（这是英语的说法）。有时候，相同的多少个语素可以有不止一种排列法，但是结构的层次或成分的次序不一样，意义也就不完全一样，甚至完全不一样，比如上面那句话，如果说成：

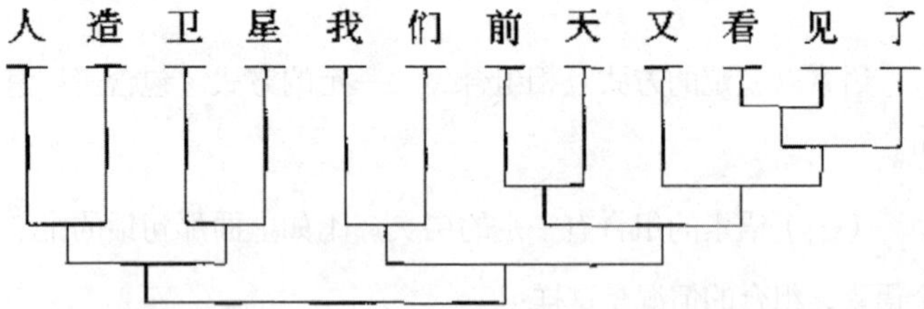

意思就不完全一样；如果说成“人造卫星前天又看见了我们”，

意思就完全不一样了。

（三）一个结构的成分相互间有选择性。比如，“们”可以跟“我”组合，可是不能跟“看见”组合；“了”可以跟“看见”组合，可是不能跟“星”组合；“星”可以跟“看见”组合，可是不能跟“又”组合。根据它们相互间的选择性，可以把语素和结构分类。类有大类，有小类：“我”和“星”属于同一个大类，可是属于不同的小类。一类的成员常常可以跟几类的成员组合，产生的结构属于不同的类：“看见”和“大”都可以跟“星”组合，但是“看见星”和“大星”是两类，“看见星”和“看见”是一个类，“大星”和“星”是一个类。

语素的组合层次和次序，语素和结构的分类和相互间的选择，这些构成一个语言的语法，是语法学的研究对象。这种选择性和次序都表示语法意义，可以归纳为一些语法范畴，如事物、行为、数、格、时、态、主动和被动，等等。语调、轻重音以及其他语音变化也都能表示语法意义，所以不仅是语音学的对象——音素，也是语法学的对象——语素。

语素是最小的语言形式，任何长篇大论都能分析成一个个语素。从最小到最大，中间有两个重要的单位：词和句子。词是语言里最小的能自由运用的单位，可以是一个语素，也可以是一个结构。有些语言的词容易规定，有些语言的词比较难规定。句子的规定主要靠语调，它的内部组织是多种多样的。研究语法的人常常把语法分成词法和句法两部分，词法又叫作形态。

文字

语言可以用文字写下来。文字起源于图画。一幅画里可能画上许多东西，表示相当复杂的意思。有人管这种图画叫“图画文字”，其实这只能叫作图画记事或是图画书信，还不能叫作文字。图画必须跟语言挂上钩，让一个图形固定地联系着语言里的一个较小的有音有义的单位，一个词或是一个语素，这才可以叫作文字。到了这个时候，这个图形就具有双重作用：一方面用它的形状唤起人们对于事物的联想，一方面代表语言里的一个音义结合体，而后者是主要的。何以见得？比如古代汉语里有*śi̯eg和*ti̯ag这两个语素指同一种动物，同时有一个图形“豕”代表这个动物，这个图形绝不能同时联系这两个语素，而只能联系其中的一个，比如说*śi̯eg，而*ti̯ag那个语素就得另用一个图形来代表，比如说“猪”。这样，这些原始的字就逐渐失去象形或象事的作用，成为语言里的语素的符号。进一步，归拼同音的字，简化形体，就成为音节文字。再进一步，分析这些音节里所包含的音素，每个音素用一个字母来代表，就成为字母文字。世界上绝大多数语言所用的文字，不是字母文字，就是音节文字。字母文字和音节文字都是拼音文字。汉语现在所用的汉字不是拼音文字，基本上是语素文字，一个字固定地联系汉语里的一个语素（成词的和不成词的），有时候两个或三四个字合起来代表一个语素（成词的）。

文字学的任务应该是研究文字的起源和演变，以及某一个语言的文字怎样代表这种语言，比较它的拼写法和语音结构，是否需要改进，如何改进，等等。咱们过去管它叫“文字学”的却是内容极其广泛的一门学问，包括形、音、义三方面，几乎等于语言学了。这是因为汉字的性质特殊，容易引起人们的错觉，仿佛文字是音和义的枢纽。实际自然是音和义的结合在先，文字的联系在后，清朝的学者早已见到这一点，告诉人治训诂必须先通音韵了。

书面语

有了文字就有了书面的语言。平常说“文字”，有两种不同的意义：一、用来写语言的符号；二、用文字符号写下来的语言。许慎给他的书取名为“说文解字”，里边的“文”和“字”是第一种意义，现在说一个人“文字通顺”，里边的“文字”是第二种意义。作为科学用语，让咱们把“文字”限制在第一种意义上，第二种意义的“文字”咱们管它叫书面语。

书面语基本上代表口语，但是不能完善地代表口语。汉字不是拼音文字，不用说，就拿拼音文字来说，现在所用的各种文字系统也都不把语音的全部情况表现出来；一般只记出元音和辅音，有的连元音也不完全记出来（如阿拉伯文字）；有些语言有声调，可是文字上没有表示；各种长短的停顿，标点符号能表示一部分，但是不能密切符合；至于轻重音、变音和语调，文字上一点也看不出。为了实用上的便利，这样的文字也许是最合适，可是作为研究或是教学口语的材料，这是远远不够的，必须用比较精细、比较全面的语音符号（音标）来记录。

书面语虽然不能完善地代表口语，可是有很伟大的作用。文字的发明是人类文化史上划时代的大事；中国古代传说，仓颉造字的时候“鬼夜哭”，是有一定道理的，因为文字是冲破黑暗的火炬。且不说它帮助人们积累知识的作用，光就它对于语言发展的影响来说，任何一种语言，在书面语出现以前，都免不了方言纷歧，人们的交际受到阻碍，不容易形成较大的政治经济单位。书面语以一个方言为基础，逐渐扩展到方言相近的邻近地区，形成一个强有力的文化工具。可以这样说，书面语出现以前，语言趋向于分化，方言越来越多；书面语出现以后，语言趋向于统一，书面语和它所联系的方言是这个统一运动的引力中心。

书面语的扩展，部分地决定于它本身的条件，例如拥有优美的文学作品，但是更重要的是决定于当时当地的政治、社会条件。拿书面德语做例，它的基础是一种中部日耳曼方言，有利的政治、社会条件使它能战胜日耳曼境内先后出现的一些别的书面语，扩展到现在的德国全境、奥地利全境和瑞士的一部分地方。同样，也是政治、社会条件阻止它扩展到荷兰和比利时境内，尽管荷兰和比利时（弗兰得尔部分）的方言和邻近的德国地方的方言十分相近，而德国各地的方言可以相去很远，甚至不能互相通话。事实上，我们说某些方言是某一语言的方言，某些方言分属于两种语言，并不是从这些方言本身相近或不相近来考虑，而是看书面语是一种还是两种。一般情况，一个语言只有一种书面语，不同的书面语是不同语言的标志。丹麦语和挪威语的差别很小，瑞典语跟它们也很相近，但是各有各的书面语。俄语、乌克兰语、白俄罗斯语的情形也是这样。汉语的方言差别很大，但是自古以来就有单一的书面语。政治、社会条件使书面汉语通行于全汉族人民中间，而统一的书面汉语又帮助汉族人民坚持政治、社会的统一。

书面语和口语的关系

书面语在扩展的过程中本身也起了变化。假定某一个语言的书面语是在甲方言的基础上发展起来的，当它扩展到乙方言地区的时候，这个地区的写作者一方面模仿甲方言的语汇和语法，一方面又不知不觉地在他们的作品里搀入了乙方言的语汇和语法。等到这个书面语扩展到丙、丁、戊地区，人们分不出哪是原有的即甲方言的特点，哪是乙方言的特点，都拿来作为模仿的对象，而又搀和进去一些丙、丁、戊方言的特点。同时，甲方言区的人也会把含有其他方言特点的作品当作模仿的对象。最后就会形成一种书面的“通语”，那里边，虽然甲方言的成分占优势，可也吸收了许多别的方言的成分。在极端的情形下，这种书面语会成为各方言的平均数。

书面语比口语更容易受到外族语言的影响。一种新建立的书面语常常从别的书面语里翻译许多作品，带来了大量“借词”以及一些语法格式。在欧洲的各种书面语的形成过程中，基督教《圣经》的译本曾经起过重要的作用；中国兄弟民族的书面语也正在通过翻译接受汉语的影响。有些民族最初借用别的语言的书面语，然后在这基础上建立自己的书面语，前者对于后者自然会有重大的影响：日本、朝鲜、越南的书面语就是这样受到汉语的影响的。

比起口语来，书面语更富于保守性，写作者往往拿前代的作品做语言的范本。有时候，在口语里已经死了多年的词语会通过书面语复活起来：现代英语里有好些词语是十六世纪通用，十七八世纪不用，在十九世纪的文学作品里重新出现而后进入一般语言的。可是书面语如果过于保守，久而久之就会跟口语完全脱节，也就会另有以后世口语为基础的新的书面语起来替代它。汉语的“白话”替代“文言”，印度的印地语（以及孟加拉语等）和巴基斯坦的乌尔都语替代了梵语，是显著的例子。经过这样的“革命”，新的书面语又会从旧的书面语里吸收有用的成分：在现代汉语书刊里，文言成分，特别是利用文言语素造成的新词，比《水浒传》和《红楼梦》里多得多了。

由于书面语不断地从各方言、旧书面语和外族语言里吸收材料，它的语汇就显得特别丰富，“同义语”特别多。这些同义语逐渐取得细微的意义上和色彩上的差别，在一般的修辞上，特别是在各种风格的发展上，有很大的用处。可是绝不能由此得出结论，说是口语的语汇相形见绌。任何一种方言的语汇都不贫乏，里头有许多词语是从来没有在书面语里出现过的。

书面语和口语互相影响，互相制约。书面语经常从方言里吸取营养，书面语不能脱离口语“一意孤行”，上面已经说过。反过来，书面语也在那里影响口语。没有书面语的帮助，很难在为数众多的方言中间产生一种“普通话”。有了这种普通话之后，虽然每个人还是常常说自己从小说惯了的方言，可是不知不觉也在里边搀和了普通话。就这样，方言磨掉了它们的棱角，慢慢地互相接近。书面语和口语互相影响的结果，书面语具备了种种不同的风格：从非常“庄严”的到十分接近口语的；口语也分出来多种类型：从特别感到亲切的“家乡话”到不带一点“口音”的普通话，从随随便便的日常会话到一字不苟的舞台语言。一个有长久的书面语传统的语言是丰富多彩的。

语言的变化

语言不是一成不变的东西。在一个人的短短一生之中就可以看到语汇的不断变化。走进现在的学校，不会再遇见“学监”和“舍监”，也没有人叫作“斋夫”或“听差”，老师们不再拿“关书”，也不再教“修身”和“格致”。这些语词已经从现代汉语的语汇里消失了。在同一时期涌现了无数“新名词”：几十年以前的人就不知道什么叫“合作社、劳动力、原则”，也不会说“争取、联系、汇报、紧张、落后、相当的、基本上”。有些语词的意义的变化也是眼前的事情：“情绪”和“坦白”除了一般的意义以外又有了专门的意义，“检讨”则一般的意义已经被专门的意义排斥了。这些还都是最近几十年里的变化，时间长了更可想而知。现代的读者打开《论语》《孟子》，发现许多字现在不用了，许多字的意义跟现在不一样；同样，让孔子、孟子打开《子夜》，也会莫名其妙。语汇和语义的变化记录在按历史原则编纂的词典里，例如英国的《牛津英语词典》。

语汇的变化最为明显，语法比较稳定，但是时间长了也要变。上古汉语说“子何知？”“不我欺”，现在的语序变了。“女亦无所思，女亦无所忆”（《木兰辞》），翻成现代汉语，不能再用“所”字，“无所……”变成“不……什么”了。《红楼梦》里凤姐说：“这里我不过是接手儿，怎么来，怎么去，由不得我作主。”这“怎么来，怎么去”古汉语里就没有现成的格式可以转译。

语音的变化在用拼音文字的语言里是很容易看出来的，现代英语的写法暴露大量语音变化的事实。汉字好像把汉语的语音变化掩盖住了，可是只要追究一下也就会发现。诗是押韵的，可是不但像《诗经》这样古老的作品用的韵现在念起来常常不对，连唐诗、宋词也有同样的情形。《诗经》第一篇《关雎》“参差荇菜，左右采之。窈窕淑女，琴瑟友之”，“采”和“友”押韵，按现代语音怎么样也搞不到一块儿。杜甫诗“有客有客字子美，白头乱发垂过耳。岁拾橡栗随狙公，天寒日暮山谷里。中原无主归不得，手脚冻皴皮肉死”，按现代读音“耳”和“里”和“死”也不是一个韵。再说谐声字，很多字的声旁相同可是现代读音很不同，像“喻”和“偷”，“桃”和“跳”，“格”和“路”，“吾”和“语”，等等。讲到声调，古代的入声字现在北京音已经分别念阴平、阳平、上声或去声；古代的上声字也有一部分现在念去声，连“上”字本身也念去声了。

特别值得注意的是语音变化的规律性。比如“同”和“洞”在中古汉语都属于所谓“定”母，在现代北京音里“同”是tóng，“洞”是dòng，声母不同了。把同类的字一比较，就知道这个分别的产生是有条件的：“同”是平声，“洞”不是平声。再拿“同、唐、田”这些字跟“通、汤、天”这些字一比较，就知道这里边凡是现在念阳平的字原来都是“定”母字，现在念阴平的字原来都不是“定”母字。从这两件事情上可以看出语音变化是有严格的规律的。

研究语言的历史叫作语史学。语音史的研究中国从前叫作音韵学。西方语言学家又常用历史语法这个名称概括语音史和语法史。

方言

方言的形成就是语言变化的结果。各种变化，无论语音上的、语法上的、语汇上的，都是先在少数人中间产生，逐渐流行于一个地区，再传播到别的地区。传播范围的大小，主要决定于各地区之间人民交往的频繁与否。一座大山，一条大河，一道历史上的疆界，常常跟方言的界限大致相符；多山地区的方言常常比平原地区复杂。方言里蕴藏着丰富的语言史资料；在一个方言里已经成为历史陈迹的特点，常常会在另一个方言里活着。大多数汉语方言都说“喝”和“吃”，广州还说“饮”和“食”。大多数汉语方言都说“晒”，厦门还说“曝”。第三人称代词在北方话地区都用“他”，在非北方话地区，多数方言还用“渠”或“伊”。古代的浊声母还保存在湖南、浙江和江苏南部；古代的入声还以不同形式保存在非北方话地区和一部分北方话地区。方言学已经是现代语言学里一个重要的部门。方言特点的分布情况最适宜用方言地图来表示。这是方言研究的重要方式，可不是唯一的方式。

比较语言学

方言的比较研究，能够帮助我们了解一个语言的历史情况；如果这个语言没有文字记录，方言更是探索它的历史的主要资料。同样，亲属语言的比较研究能够帮助我们了解这些语言分化以前的情况。欧洲的语言学家，从十九世纪初以来对印度欧罗巴语系的语言，进行了细密的比较研究，发现了严格的语音变化规律，并且在这个基础上拟测许多原始语言的语词形式和语法结构，像原始日耳曼语、原始罗马语、原始斯拉夫语，乃至原始印欧语。比较语言学的方法产生于印欧语系的比较研究，逐渐应用到其他语系，像闪语系（犹太语、阿拉伯语等）、芬-乌格罗语系（芬兰语、匈牙利语等）、阿尔泰语系（突厥支语言、蒙古支语言、满洲-通古斯支语言），乃至美洲语言、非洲语言。用现代汉语方言做材料拟测中古汉语的语音体系，用的也是比较语言学的方法。汉藏语系的比较研究，虽然有人零零碎碎做了点，整个说来还没有开始。

语言是多种多样的

咱们汉人第一次接触西方语言的时候，多半会有这么一种感想：“哟，怎么这么别扭啊！写信就写信了，干吗非得交代是在写一封信啊还是在写几封信啊？同样是说话，干吗你说、我说、他说还得分三种说法呀？”想不通。是想不通，可是多知道几种语言就想通了：语言是多种多样的。

印欧系语言名词、形容词要分性别和单复数，要变格，动词要表示时和态，要分别人称，咱们觉得是多余的。可是咱们的名词不直接联系数词，中间要插进各种不同的类别词，有的论“个”，有的论“块”，有的论“件”，有的论“只”，名目繁多，欧洲人也觉得是多余的。

讲到表示语法意义的方法，咱们习惯于一个字表示一个意思，比如说“您看见了吗？”，先来一个“了”表示此事已了，然后来个“吗”，问您是不是这样。如果非让咱们表示一样东西的性、数、格不可，咱们赞成用三个语素来分别表示（像突厥支语言那样），可是印欧语的习惯不是这样。英国人说writes，那就表示不是你写、我写而是第三者写，并且不是几个人而是一个人，不是正在写，也不是已经写的了，而是经常性的写（比如说，“他写小说，不写诗”），这些个意思全都包含在一个-s之内。因此，学习印欧系语言得背诵许多变化表。咱们觉得这是苦事情，可是他们幼而习之，也就习惯成自然了。

再拿语音做例，咱们觉得汉语的语音结构最理想，一个音节成为一个清清楚楚的单位，声母全是一个音素，韵母的数目不太多也不太少。其实这也是个习惯问题。日本人就会嫌咱们的韵母太多，他们只有/a i u e o/，数目少得多，结构也简单得多。英国人又会说咱们的声母和韵尾都太简单，他们的元音之前可以有/br– pr– dr– tr– gr– kr– fr– bl– pl– gl– kl– fl– sl– sk– st– sm– sn– spr– spl– str– skr–/等辅音组合。元音之后也可以有/–kt –pt –st –ft –sp –fs –ks –ps –gd –bd –zd –vd –gz –bz –spt –skt/等辅音组合。可是咱们每个音节有四个声调，不管日本人还是英国人又都会觉得这是额外的麻烦。

这几个例子还不过是拿汉语和三两种别的语言比较。要是比较的对象扩大到世界各地的语言，就会更加显得五花八门了。

各种语言的共同之处

语言的面貌这样千差万异，是不是也还有些共同之处呢？科学的任务是一方面发现事实，一方面在事实里边寻找秩序，发现规律。普通语言学的主要任务之一就是寻找语言的共同特点。早先的欧洲语言学家老爱从他们自己的语言出发，“以己度人”，把别的语言也说成跟他们的一样，名词有数有格，动词分现在、过去、未来，分主动、被动，等等一切。过后见识的语言多了，观察得细了，才知道满不是那么回事。各种语言是有共同的特点，可不是那些具体的细节。所有的语言都短不了一些个最基本的东西：音素、语素、结构、语调和停顿。其次，如果不让狭隘的定义把您捆住，那么您也会发现差不多所有的语言都有相当于词和句的单位，语素、语素的组合都能分成数目或多或少的类，都有某种形式的陈述和被陈述关系，某种形式的限制和被限制关系。所有的语言也都能分别对待语汇意义和语法意义，后者常用一定的手段来表示，而所用手段也不外乎元音或辅音变化，语调、语素的重叠，语素组合的次序，特殊的语素，等等。所表达的语法意义也不外乎类别、数量、有定和无定、事实和假设、时间关系、空间关系、事物和动作之间的关系、说话的对所说的的态度，等等。不过因为每一种语言都只表示某些语法意义而不表示另一些语法意义，而采取什么语法手段表示什么语法意义又都各各不同，自然就不容易有两种语言的语法会完全相同了。

语言的系统性

近代语言学的更重要的收获是对于一条根本原则的认识——语言的系统性。每个语言自成一个独特的体系，语音、语法、语汇都是如此。比如英语和汉语都有送气的［p'］这个音，但是不能等同起来，因为它在这两个体系里地位不同，跟别的音的关系不同：英语的peak的p送气，speak的p不送气，但是这两个p是一个音素，送气不送气是有条件的变化，而汉语“譬”和“币”的声母则是不同的两个音素（汉语拼音方案里分别用p和b来表示）。又如汉语动词后边的“了”，一般都说是表示完成，但是作用跟英语的完成式不完全相同，有过翻译经验的人都知道。语汇的情形更加明显：英语的book等于汉语的“书”，这应该没有问题了吧？然而不然，英语的book one是汉语的“卷一”。一个语言是一个体系，没有两个体系是完全一样的。

语言要变，这在前边已经讲过。一个语言经历变化之后，内部结构不同，也就另成一个体系。语言变化产生方言，方言也是各有各的体系。比如前边提到过的中古“定”母字在现代北京语音里分化的情形。当初舌齿塞音有“端、透、定”三个声母，假定是/t t‘ d‘/，现代北京语音里同部位的音只有/t t‘/（拼音方案的d和t），因此现代的/t/和中古的/t/，现代的/t‘/和中古的/t‘/就不能混为一谈，因为它们属于不同的体系。同样，尽管广州话和北京话都有韵尾/n/，但是并不相当，因为广州话还有一个韵尾/m/，而北京话没有，广州话里收/m/的字在北京话都收/n/。再比如上古汉语和现代汉语都有量词，可是上古汉语的量词只用于不能计数的事物，而现代汉语的量词则用于一切事物。语汇的情形也是这样。比如上古的人有“姓”有“氏”，后来混而为一，都叫“姓”。这两个时代的“姓”的意义就不相等了；直到最近以前，“名”之外还有“字”，现在只有“名”没有“字”，“名”的意义也就不一样了。

语言的系统性以及每一种语言的特殊性，这是研究语言的人一时一刻也不能忘记的原则。不同的语言或方言可以互相比较，一切特点都是有了比较才更加明显，但是不能互相比附。必须实事求是，一切从事实出发，日语还它一个日语，英语还它一个英语，古汉语还它古汉语，现代汉语还它现代汉语。把这种语言和那种语言混为一谈，把古音和今音，古语法和现代语法，古语汇和现代语汇混为一谈，在科学研究上都是不能容许的。

语言学在语言教学上的应用

语言学是一门联系实际的科学，语言学的应用是多方面的。先说在语言教学上的应用。一百多年来，由于语言学家和教育学家的努力，语言教学法，特别是外语教学法，已经有了长足的进步。首先，明确了运用语言是一种习惯，不同的语言要求不同的习惯，因此学习外语的时候不可拿母语来“比附”。无论语音、语法、语汇，都不可为“貌似”所迷惑，要用心分辨，要努力放下已有的习惯，养成一种新的习惯。在外语教学上强调直观教学和外语母语对比分析，就是针对这种情形而发。同时，习惯的养成要通过反复的练习，解说和分析只能作为辅助的手段，“只说不练”是学不好的。另一种常见的偏向是光要求能读能写，忽略听和说的练习。可是口语是书面语的基础，不从口语下手，书面语的学习必然事倍而功半。这也已经为事实所证明。

学习本族语言跟学习外语的条件不同，教学的方法自然也不能完全一样，但是书面语的学习必须以口语的学习为基础，培养运用语言的能力必须注意模仿和记诵，不能过分依靠分析和讲解，这些原理同样适用于本族语言的教学。儿童不到六七岁就已经掌握了口语的基本规律和常用语汇，到学校里来首先是要学会认字和写字，这是不错的，可是如果因此就脱离口语、孤立地教学书面语，这就不对了。汉语现在还用汉字书写，同时方言还很有势力。这些情况都容易助长片面地教学书面语的倾向，值得咱们警惕。汉语拼音方案的公布应该有利于扭转这种偏向。

在学校里学习语文只是一个人开始他的语言修养的第一步。作为一种工具，语言具有巨大的潜力。发音正确，遣词造句合乎习惯，这只是起码的要求。善于运用语言的人，叙事能让人仿佛目睹，说理能让人心悦诚服，片言只语可以久而不忘，长篇大论也可以听之不倦，这样的经验咱们的记忆里不是没有。要每个人都成为“语言巨匠”，是不必要也是不可能的，可是在这个人类生活圈子正在不断扩大、文化活动日益频繁的时代，语言修养的重要性是谁也不能否认的。语言修养自然包括说话和写文章。拿这两件事情来比较，说话尤其不容易：一则应时触发，没有从容润色的时间；二则，不但要照顾说话的内容，还要同时照顾说话的声音和姿态。把说话称为一种艺术，一点也不过分。我国知识分子过去只重视写文章，忽略了说话，是大大地不应该。

语言学对语言的发展的影响

咱们不仅仅使用语言，在使用语言的同时也影响着语言本身的发展。语言的变化离不开人的因素。一般的情况可以不再细说，且说一件比较突出的事情——创造文字和改革文字。世界上的语言，有文字的还是少数，没有文字的还是多数。随着经济和政治组织的发展，许多原来没有文字的民族需要创造他们的文字。语言学的知识在这里替代了早先的“尝试和错误”式的暗中摸索。音素的分析是基本，但是语法结构也必须考虑到。在另外一些语言，已有的文字不一定适合当前的需要，不得不进行改革。改革一种文字比创造一种文字，问题更复杂，过程更曲折。但是无论创造或是改革，只要是采用拼音的原则，都必然要牵涉到标准语的选择。如果这个语言里没有一种占优势的方言，解决这个问题不是一件轻而易举的事情。

语言的不同，妨碍着各民族之间的交际。虽然长期交往能使不同语言的语汇甚至语法互相渗透，但是绝不能叫不同的语言变成相同。精通几种语言的专家学者有的是，可是这不能期望于每一个普通人。于是翻译成为繁重而又必不可少的工作。几百年来不断有人提出国际语——严格说，是国际辅助语——的理想，也不断有人提出具体的方案，其中较有成效的是 Esperanto，我国称为“世界语”。国际辅助语如果成为事实，对于人类便利之大是显而易见的；能不能成为事实，问题不在于它本身是否完善——语言学家大概能够解决这个问题，虽然也不太容易——问题还在于政治的和社会的条件是否成熟。

近代科学技术的进步大大地影响了语言的使用方式。电话、广播和录音是显著的例子。最近的重要进展有两项。一项是声谱仪和其他有关的仪器的发明：靠这些仪器的帮助，咱们能让声音变成图形，又让图形变成声音。这样，语音成为可以看见的东西，也可以在实验室里“综合”出来。另一项是电子计算机的发明：利用它，咱们能让翻译工作自动化。把两种语言的语法结构对比着分析，归纳成机器所能接受的规则，再编出对照的语汇，全都在机器里储藏起来，它就能在入口接受译出的文字，在出口送出译入的文字。还有科学家在想办法把这两项技术结合起来，这就有可能对着一个机器说话，在另一个地方听到另一种语言的翻译，或是看到用打字机打出的书面翻译。这些技术现在都还没有完善，还不能见于实用，但是发展的前途是远大的。

语言学与其他学科的关系

研究语言常常牵连到其他学科，彼此之间有相辅相成的作用。问题很多，这里只能提个头。首先谈谈语言和历史的关系。一种语言的历史和使用这种语言的人民的历史密切相关。这种关系在语汇方面最为显著。事物本身经历了变化，可是跟这些事物有关的词语被沿用下来。现代的笔早已不是用鹅毛管削成的了，可是“笔”这个字在法语里还是Plume（“羽毛”）；火车、汽车跟马车不是一回事，可是英语里开火车、开汽车还叫drive（“赶”），坐火车、坐汽车还叫ride（“骑”）。拿汉语里的例子来说，时计为什么叫作“钟”，书的部分为什么叫作“卷”，床和桌子为什么论“张”，电灯为什么论“盏”，要是不知道这些事物的历史，也就很难理解。古代女子管公公叫“舅”，管婆婆叫“姑”，“甥”既指外甥，也指女婿。这些称谓清清楚楚地反映了古代的婚姻制度。汉字的形状也透露出来许多历史事实：“姓”字从“女”，古代有过母系中心的氏族制；“家”字“豕”在屋下，当时大概家家养猪，并且跟猪住在一个屋子里；“男”和“婦”（妇）的字形很明显地表示出男女在劳动上的分工。地名的研究已经成为语言学里一个小小的部门，这里能找到民族定居和迁徙的痕迹。比如广东有许多地名用“那”字起头，如“那伏”（新会）、“那落”（清远）、“那乌”（阳春），或是用“六、禄”字起头，如“六朴”（合浦），“禄马”（台山）。这证明这些地方曾经有壮族住过，“那”在壮语里是水田的意思，“六、禄”在壮语是谷或山地的意思，形容词在后是壮语语法。人名也是研究历史的材料。南北朝人的名字多与佛教有关，如江瞿昙、鲁悉达、尔朱菩提、高菩萨、王罗汉、元弥陀、尔朱文殊、毛普贤、李药王、慕容罗侯、崔迦叶、崔目莲、穆提婆、赵修罗、安伽陀、萧摩诃、刘沙弥，在名字里头嵌上“佛、法、道、僧”等字的更多。这可以说明当时佛教的影响是怎样深入而广泛。

研究语言的本质就得走进哲学和心理学的领域。语言和思维之间究竟存在着什么样的关系？“意义”的意义是什么？这是哲学和心理学上极重要的问题，也是语言学家极愿意了解的问题，虽然这些问题未必能用语言学的方法求得解决。有些学者说，一个人对客观世界的认识会受他所使用的语言的制约。从某些事情上看，好像有这个道理，比如，使用一种必须区别名词的单复数的语言（如英语）的人，就很难想象可以说出一种事物而不涉及它的数量（如汉语）。可是另一方面，同一个“他饿”的意思，英语说He is hungry，德语说Es hungertihn，法语说Il a faim，是不是当真英国人就感觉饿是一种状态，德国人就感觉饿是一种变化，法国人又感觉饿是一种抽象的事物呢？语法范畴和逻辑范畴（其实应该说是哲学范畴）的关系怎么样，语法上的句子和逻辑上的命题是一回事还是两回事，语法主语之外是不是还有逻辑主语，心理主语。这些问题曾引起过争辩，也还会继续争辩下去。

语言学和文学的关系也是很密切的。各体文章风格的研究，作家语言的研究，几乎可以说是语言学和文学之间的边缘科学。一种语言的语法结构对于文章的风格有一定的影响，比如汉语里名词的定语一定放在前头，用汉语写作就很难使用欧洲作家常常使用的包含好些“关系子句”的复杂句。诗歌的句法和格律最能表示一种语言的特点，用欧洲语言翻译汉语旧体诗词，多高妙的译手也难做到原诗那样简练，或者使原来的格律再现。甚至有些小玩意儿，像回文诗、对联、某些类型的谜语，如果不是在汉语的基础上，也断然不会产生的。

二　字和词

语法

语法指用词造句的规则，它使语言具有一种有条理的可理解的性质。一种语言有一种语言的语法，跟别的语言的语法可能一部分相同，但是一定有一部分不相同。汉语的语法指汉语用词造句的规则。

一种语言的内部往往包括许多方言。这种方言和那种方言的区别主要表现在语音和词汇上，语法上不会有很大的差别。我们讲汉语语法，遇到各地方言不一致的地方，拿北方话（尤其是北京话）做标准。

语法是语言在它的发展过程中自然形成的，是大众的产物，不是任何个别的人规定的。可是既已形成，就有拘束力，我们使用这种语言，就得遵守它的语法。同时，任何讲语法的书都不可能把一种语法的细微末节全都说清楚，所以我们听人说话的时候，看书的时候，要随时留心，从语法书上学来的东西才能得到印证和补充。

语法从前又叫作“文法”，这两个名字指的是一个东西。因为写文章和说话基本上是一回事，不是两回事。在这儿，我们采用“语法”这个名称，因为语言是更基本的东西，文字只是它的代表，它的替身。

字和词

文字既然是代表语言的，它的组织应该是跟语言的组织一致的。我们说话，有段落，有停顿；表现在文字上就是分段，分句，以及用逗号、分号等隔开的句的部分。可是再分析下去就不一致了：语言的最小的独立运用的单位是词，而文字的最小的独立运用的单位是字。一个字可能是一个词，也可能不是一个词；一个词可能只有一个字，也可能不止一个字。例如：“语”和“言”是两个字，但是“语言”只是一个词。

字是什么，大家都知道，不用说明；可是词又是个什么呢？上面说，词是语言的最小的运用单位；要知道词是什么，还得从语言的本质说起。我们听人说话，耳朵接触一连串声音，同时脑子里接受一些意义，可见语言是声音跟意义的结合。词就是这种结合的最小单位，例如“语言”；再分析下去就只有声音，没有意义，至少是没有明确的意义了，例如“语”和“言”。这个话你也许不信服，你会说“语”字和“言”字是有明确的意义的。要知道这完全是靠汉字的力量，说话的时候是只听见字音不看见字形的。你单说yu，人家只会想到天上掉下来的“雨”，你单说yan，人家只会想到厨房里的“盐”；谁会想到“语”和“言”呢？只有yu和yan连起来说，人家才知道是“语言”，才是一个正确的意义和声音的结合体，才能独立运用，才是一个词。词和字的区别，简单地说，就是如此。假使我们现在把每一个词都写成一个字，如“圕”（图书馆）、“仚”（人民币），那么词和字就合一了。可是这个办法也有它的毛病，现在并不通行。

在中国语文的现阶段，用汉字写口语的阶段，字和词的区别在实用上也许不太重要。可是我们讲语法是从语言出发的，词是语法里最基本的东西之一，所以非把词的意义弄明白不可，否则就讲不下去了。

单音词和多音词

词和字的关系，上面说过，是不一律的。有时候一个字就是一个词，例如“雨”和“盐”；这一类词，我们称它是单音词。由两个或更多的字构成的词，我们称它是多音词。在一个多音词里面，可能它的成分都不是词：例如“语言”“文章”“什么”“虽然”。可能它的成分有的是词，有的不是：例如“瞎子”“聋子”的“瞎”和“聋”是词，但是“子”不是词；“认得”“记得”的“认”和“记”是词，“得”不是词；“今天”“明天”的“天”是词；但是“今”和“明”不是。可能它的成分全都是词：例如“去年”和“火车”。

这些都是双音词的例子。三音词的例子如“动物学”；这里面，“动”是词，但是“物”不是，“动物”是词，但是“学”不是（“我们学语法”里的“学”是词）。三音以上的词，中国话不很多。

又有问题来了：“去年”等既然是两个词合成的，为什么不算它是两个词，要说它是一个词呢？这是因为这一类结合体都代表单一的意思，并不和它的两个成分的意义加起来相等：“去年”不是所有过去的年头，“火车”不是烧火的车。不过“单一意思”这个标准应用起来也有相当困难，例如“中华人民共和国”也可以说是代表一个意思，也可以说是代表三个意思的结合，我们算它是三个词。

词类

为了研究语法的便利，我们要把词分成多少类。西洋语言里的词往往有语形变化，可以拿来做划分词类的标准（例如英语名词有复数变形，a book，books；动词有时间变形，work，worked；形容词有比较变形，high，higher，highest）。中国话里的词没有语形变化，划分词类主要凭词的意义和词与词之间的关系。一种比较简单的分类是这样的：

名词——

（专名）中国、毛泽东，等等。

（人、物）同志、朋友、学校、书、纸、布，等等。

（无形）经济、交通、思想、事实、成绩，等等。

量词（单位名词）——

个、只、件、块、张、把、尺、斤、次、遍、下，等等。

动词——

（有形的活动）来、去、飞、跳、说、笑、讨论、学习，等等。

（心理的活动）想、爱恨、后悔、害怕、盼望、忍耐，等等。

（非活动的行为）生、死、在、有、加、减，等等。

次动词——

把、被、从、往、向、给、跟、替、对于、关于、除了，等等。

形容词——

大、小、快、慢、轻、重、真、假、正确、一般、特别，等等。

数词——

一、二、三、十、百、千、万、半，等等。

代词——

我、你、他、谁、什么、怎么、这、那、哪，等等。

副词——

先、再、又、也、还、就、很、极、太、不、常常、究竟，等等。

连接词——

和、跟、但是、因为、所以、要是、除非、虽然，等等。

语气词——

吗、呢、吧、啊、啦、罢了，等等。

象声词——

啊、哟、唉、嗯、呸、砰、乓、哗啦，等等。

有几点要说明：

（一）副名词表示事物或行为的单位，又称为“单位名词”或“量词”。它是名词，可是跟一般名词有点两样。一般名词不能直接和数词相连，当中必须加个副名词。副名词可是老跟数词结合在一块，而且大多数副名词本身是空空洞洞的，不像一般名词那么有具体的意义（“尺”“斤”等度量衡单位的意义比较具体）。

（二）副动词跟一般动词不同的是它不能做谓语的主要成分（什么叫“谓语”，下回谈）。有些动词有时能做谓语的主要成分，但是不做主要成分的时候更多，当它们不做主要成分用的时候我们也叫它副动词。如“他在家”的“在”是一般动词，“他在书上写字”的“在”是副动词。有些词在某一个意义上是一般动词，在另一意义上是副动词，如“我给你一本书”的“给”是一般动词，“你给我跑一趟”的“给”是副动词。

（三）形容词一般都能修饰名词，如“真人真事”“大房子”“好书”“正确的数目”。有些也能修饰动词，如“真打假打”“大吃大喝”“正确地说”。修饰动词的时候，往往要重叠一下，如“好好地说”。有些还能修饰别的形容词，如“真厉害”“好冷”。

（四）数词的性质跟形容词相近，但是用法有好些不同［例如不能做谓语（序数能），不能加“的”］，现在放在形容词底下另成一小类。

（五）代词早先称为代名词，其实它不一定替代名词，有时候它的地位跟一个形容词或副词相当。

（六）副词只包括可以附加在动词或形容词之上、可是不能附加在名词之上的那些词，比另外一些语法书上的副词范围小些。

划分词类必须简单明了。一个词用在句子里，常常可以有不同的位置；只要同类的词多数都能这样用，它不是特殊的例外，那么它的词类也就没有变动。有些讲语法的书说，“这个是二年级的教室”里的“这个”是代词，“这个教室是二年级的”里的“这个”是形容词，“窗玻璃”里的“窗”是形容词，“玻璃”是名词，“玻璃窗”里的“玻璃”是形容词，“窗”是名词，“建立新制度”里的“建立”是动词，“新制度的建立”里的“建立”是名词，“大水”里的“大”是形容词，“大闹”里的“大”是副词，诸如此类，实在是麻烦。走极端的人甚至说是中国话里面“词无定类”，再进一步就要否认中国话有语法，这就完全不合事实了。所以我们最好不轻易变更一个词的词类，除非它的用法有了特殊的变化。例如“他的脸红”的“红”是形容词，“他的脸红了”的“红”还是形容词，可是“他从来没跟人红过脸”的“红”就得算动词，因为一般形容词都不能支配一个名词（宾语）。又如“封信”里的“封”是动词，可是“信封”里的“封”已经不代表一种行为而代表一个东西，自然得承认它是名词。更进一步，像“钉上一根钉”里的两个“钉”字，不但属于两个词类，而且因为声音不同，应该算作两个词。

三　句子和行为

说话的单位是句子

话是一句一句地说的，所以句子是语言的一般运用单位。往小里说，句子是由词组成的，词是更小的单位；可是一个词所能表达的意思太少了，不能让听的人满足。往大里说，许多句子构成一番话，写了出来就是一段或一篇文章，段和篇是更大的单位；可是实际说话的时候，往往你一句，我一句，一句就成段落，就能让对方满足。所以句子是语言的一般运用单位。

一句话和半句话

怎么样才是一个句子呢？最好先看一些具体的例子：

明天　　　　明天星期六。

绿油油的　　老玉米绿油油的。

不认得　　　我不认得他。

左边的都不是句子，右边的都是句子。光说“明天”，人家要问，“明天怎么样？”同样，我们要知道什么东西绿油油的，谁不认得谁。所以“明天”等只是半句话，不能叫人满足；“明天星期六”等就是整句话，能叫人满足了。

上面举的例子是孤立的，没有上下文的。有了上下文，情形会改变：原来不能叫人满足的也许变成能叫人满足，原来能叫人满足的也许变成不能叫人满足。比如：

哪一天星期六？——明天。

老玉米长得好不好？——好哇！绿油油的。

你认得他不认得？——不认得。

“明天”“绿油油的”“不认得”就都能叫人满足，就都是整句话了。跟这个相反的是：

明天就是星期六了，咱们得赶紧准备起来了。

我虽不认得他，我们同学有人认得他。

在原来的句子里加上一两个虚字，我们就觉得话还没有完，必得下半句出来了才感觉满足；原来的一句话现在变成半句话了。又比如说：

明天星期六，下午没有课。

我不认得他，我只认得他兄弟。

光有上半句，也可以叫人满足；可是既有下半句，我们就觉得这当中的关系密切，必得合起来才是一句完整的话。于是原来的一句话又变成半句话了。

所以，句子的完整不完整，要看它的具体环境。不能拘泥形式，说这样的几个字在任何地方都是句子，或是说这样的一个格式在任何地方都不成为句子。

主语和谓语

句子完整的相对性已经说明，形式主义的危险已经指出之后，我们可以放心讨论句子的一般构造，就是说，在没有特殊条件的时候，一个句子是怎么样的一个格式。我们平常看见的句子往往很复杂，可是复杂的东西是从简单的东西发展出来的，我们从简单的句子说起。

就拿上面举例的句子来说。“我不认得他”是一句话，“我”和“不认得他”都是半截儿。可是这两个半截儿的性质不同。光说“我”，人家要问“你怎么样？”光说“不认得他”，人家要问“谁不认得他？”一句话说明一件事情：上半截（谁？什么？）表明事情的主体，我们称它是主语；下半截（怎么样？）表明事情的本身，我们称它是谓语。一般的句子都具备这两个部分。这样：

我（主）不认得他（谓）。

老玉米（主）绿油油的（谓）。

明天（主）星期六（谓）。

三种谓语和三类句子

从它们的用途来看，句子可以分成三类；这三个句子恰好代表这三类。

“我不认得他”是叙述句，这里面的谓语的主要部分是一个动词“认得”；“他”字我们说它是“认得”的宾语（关于宾语，下次讨论）。在一般使用的句子里头，叙述句的百分比最大，它的构造也最富于变化。

“老玉米绿油油的”是描写句，谓语是一个形容词（描写句谓语不限于形容词）。“明天星期六”是判断句，谓语是一个名词。形容词和名词用来做谓语的主要成分，我们称它是表语。

在判断句里面，刚才这一句的构造是例外；一般的格式是在主语和谓语名词中间加上个“是”字，就是这一句也可以说成“明天是星期六”。“是”字是个特殊的动词，本身没有多少意义，只有一种肯定的作用。

描写句里也常常用“是”字，例如“这个事儿麻烦”也能说成“这个事儿是麻烦的”。这样一来，原来的描写句变成了判断句的形式，“麻烦的”等于“麻烦的事儿”。这个形式比原来的形式更有肯定的力量，是一种比较强调的句法，没有必要的时候不宜滥用。可是有些个形容词是习惯上带“的”字的，因而上头也加上个“是”字，例如“这三门功课是基本的”，“东西在于人用；东西是死的，人是活的”。这些句子不显得强调，因为没有跟它并行而较弱的形式“这三门功课基本”和“东西死，人活”。好些从文言里借过来的形容词也需要带“的”字。

就是叙述句，为了强调，也可以加用“是……的”这个公式。例如“我是不去的”，这就比“我不去”更加肯定。

描写句和叙述句又都能单加“是”字，不加“的”字；例如“风是那么大，雪是那么深，我是不去。”这也是强调的说法。

没有主语的句子

中国话里常常有没有主语的句子。例如：

几时来的？——才来两天。

是这个不是？

他说：“不，捞铁轨要紧。”话没说完，就又抢着捞铁轨去了。

那儿在干什么？——那儿在扭秧歌呢。

打钟了，上课了。

栽个跟头学个乖。

刮了一夜北风，早晨下起雪来。

有夏天就有冬天。

还多两张票。谁去？

只剩下十几个远道的同学没回家。

这些句子为什么没有主语，留在练习里讨论。

没有谓语的句子

跟以上的情形相反，没有谓语的句子是很少的。这少数的例外是：

你贵姓？

我的帽子呢？

你们都有人招待，我呢？

伪语

词和词结合在一起，可是还不成为句子，我们称它是伪语。按它的内部关系来分类，伪语可以分成三大类。

1.联合伪语——它的构成部分是平等相联的；例如“你和

我”“或多或少”“迅速而巧妙（地）”。

2.主从仂语——由一个基本词和一个附加语构成。这个基本词或是名词，或是动词，或是形容词，或是副词，甚至是连接词。这个附加语或是在前，或是在后。所以主从仂语的种类是很繁多的。这里举几个例：

（基本词）	（附加语在前）		（附加语在后）
名　词：	红的花	买来的花	——
动　词：	慢慢来	快点走	喝下去　喝完　喝醉
形容词：	很好	不好	好得很　好极了
副　词：	不很……	不大……	——
连接词：	正因为	也因为	——

主从仂语可以按照它的基本词分别称为“名词仂语”“动词仂语”等，但是没有这个必要，因为我们总是认定那个基本词说话。可是动词仂语里有一种需要特别提出来说一说，那就是：

3.动宾仂语——这是由一个动词（包括副动词）和它的宾语构成的；例如“念书”“学习时事”“给他”“替我”“关于这件事”“由于情况的变化”“在这种条件之下”。

一个仂语里头可以包含另一个仂语，同格式的或是不同格式的。例如“慢慢地喝下去”“迅速而巧妙地通过”“开出几朵不很红的花来”。在底下的例句里，用括号表示前附加语，用引号表示后附加语。

（慢慢地）喝“下去”

（迅速而巧妙地）通过

开“出”（几朵）［（不）很红的］花“来”

一个仂语，不管多复杂，在句子里的作用和一个词相当。

分句和句子形式

我们前面说过，一个完整的句子，在一定的上下文中间就变成不完整，像“我不认得他，我只认得他兄弟”。在这里面，我们把“我不认得他”和“我只认得他兄弟”称为分句。

还有一种情形也能使完整的句子变成不完整，例如“你怎么知道我不认得他？”“发言的都是我不认得的人”。这里面的“我不认得他”和“我不认得”我们称它是句子形式。一个句子形式的作用也只等于一个词。

主语后出现

这一回我们专门讨论叙述句的结构。叙述句的谓语的主要成分是动词，是表现行为的。行为得有个主体，在句子里就用主语来代表。因为它是行为的主体，所以总是先把它说出来。

可是有些个句子的主语是后出现的。例如：

公园门口蹲着两个大石狮子。

旁边围了一大圈子听热闹的。

后来又走来了四位警察同志。

哟，又跑了一个！

这一类句子有两个特点。（1）谓语里用的是“来了”“去了”“坐着”“站着”之类表示身体行动的动词。（2）在动词的前头，就是平常的主语位置上，常常有个表示处所或时间的词或伪语。另外有些个主语在后的例子：

找着没有，你的书？

来了吗，你哥哥？

这里，显而易见，说话的人的情绪比较紧张，来不及组织句子；行为的本身最先浮现到意识里，就脱口而出，然后才补说主语。说的时候，当中有个停顿，写起来用逗号表示。

宾语

有些行为只跟一方面的人或物有关系，有些行为要跟两方面的人或物有关系，例如“我认得这个字”，“解放军渡过长江”。在这两句里，“我”和“解放军”是主语，“字”和“长江”我们称它是宾语。一般地说，主语代表主动者，宾语代表被动者，可是有例外，待会儿再讨论。

宾语在动词前

宾语的一般位置是在动词之后，可是有些句子里的宾语是放在动词的前头的。例如：

他呀，天不怕，地不怕，只怕打雷。

你这个人哪，会唱的也唱，不会唱的也唱。

你什么也不用管，有我们呢。

怎么！你连他也不认得啦？

你怎么帽子也没戴就跑出去了？

比起一般句子里的宾语来，这些句子里的宾语显得强调些。

宾语在主语前

有时候，被强调的宾语会一直跑到主语的前头去。例如：

北京我也到过，上海我也到过，哪儿我都到过。

会唱的他也唱，不会唱的他也唱。

什么事我都知道，别打算瞒我！

代数题我也做过好些个，没做过这么别扭的。

别的我不知道，我只知道他不是这儿人。

此外还有两种情况常常使宾语当头。一种是宾语带“这”

字，或是本身就是“这（个）”：

这件事你妈会答应吗？

这个道理我就不明白了。

这个我不清楚，你问老李去。

另一种情况是宾语比较长：

新来的那位姓林的同志，你见过了吧？

刚才我说的话，你都记住了没有？

这里，宾语之后有一个停顿。

“把”

我们常常说“把谁怎么样”或是“把什么东西怎么样”。在形式上，“把他打一顿”跟“捆起他来打一顿”是一个类型，都是复杂谓语的例子。可是在实质上，这两句是不同的。“捆”是有实在意思的，“捆起他来打一顿”表现两个动作；“把他打一顿”只表现一个动作，“把”字没有实在的意义，只有把宾词从“打”字后头提到它前头去的作用。用“把”字的句子：

半天工夫我就把那本书看了一大半。

他把刚才的话又说了一遍。

早有人把这件事情报告了公安局。

我把那封信夹在一本书里头。

你在这儿等着，我去把他叫出来。

少吃点儿吧，别把肚子吃坏了。

他一口气把十二道题都做了。

为了赶着写这封信，我把午饭也误了。

说着话就把手里的花往他衣襟上插。

应用“把”字句法，有两个消极条件。第一，宾语必须是有定的，不能是无定的；我们可以说“把那杯茶拿来”，可是不能说“把一杯茶拿来”。第二，这个动词必须表示一种比较积极的活动，“有”“像”“看见”“喜欢”等动词不能用“把”字句法；我们可以说“把这个字看清楚”，可是不能说“把这个字看见了”。

更重要的是：在大多数用“把”字的句子里，动词的后头紧接着一些附加成分。其中有些是不容许宾语把它跟动词隔开的，就非用“把”字把宾语提前不可；有些是能让宾语插在中间的，那就也可以不用“把”字。另外一些用“把”字的句子里，动词前头紧接着一些附加成分，它们往往又是习惯上跟在宾语后头的，那也就非用“把”字把宾语提前不可。

既然有可用“把”可不用“把”的句子，例如“把他叫出来”和“叫他出来”，是不是意思和语气都相同呢？似乎有点差别，可是跟上两节的例子相反，与其说是强调宾语，毋宁说是多少有点强调动词。

主动和被动

上面说过，主语代表主动者，宾语代表被动者，这是一般的情形。在主动者不出现的时候，被动者可以仍旧做宾语，前回讲过的没有主语的句子有一部分就是这样，例如“打钟了”“上课了”。可是也有时候，这个被动的人或物成了主语，例如：

这个字写错了。

所有的人都问过了，都说没看见。

在主动者出现的时候，被动者也还是可以做主语；我们用“被”“叫”“让”这些字把主动者引出来。例如：

他已经被大家说服了，明天就去。

好像活人得叫死人管着似的！

我的笔才买来不几天，就让人用坏了。

用“叫”“让”，必须有主动者出现；主动者要是不明确，常用“人”或“人家”替代，我们说“他已经叫我说服了”，或是“他已经让人说服了”，但是不说“他已经叫（让）说服了”。“被”字从前也有过这种限制，现在“他已经被说服了”的格式也常见了。

用“被”的句子有时候又在动词前头加用“所”字，例如“他已经被大家所说服”。这是因为古代表示被动用“为……所”（如“为人所愚”），现在用“被”去替代“为”，把古代和现代的语法混合起来了。这个格式文章里常见，口语里还不通行。

两个宾语

一件事情也许牵涉到三方面的人或物件，这个时候就会有两个宾语出现。例如：

他送了我一本书，你送我什么？

他教了我们一个好方法。

到底他前后借了你多少钱，现在还欠你多少钱？

前面的一个宾语（我、你）大率指人，后面的一个（书、什么、方法、钱）一定指物件。前一个宾语虽然靠近动词，后一个宾语倒是更基本的一个；我们可以说“他送了一本书”，“他教了一个好方法”，“他借了多少钱？”可是光说“他送了我”“他教了我们”“他借了你”，就觉得话还没完。

关系人物

这第三方面的人或物不一定以宾语的身份出现，也可能用一个副动词引出来，构成一个动宾仂语，放在主要动词之前。例如：

他现在到处跟（向）人打听消息。

好，我就跟（向）你学习学习。

我爱跟（和）谁好就跟（和）谁好，你管不着。

你跟（和）我们乡下人说话，少转文儿。

我一定好好给大家办事。

你行行好吧，别给他到处宣传了。

你要见了他，替我问候一声吧。

我能拿什么话安慰他呢？

美国人凭着什么欺负咱们？

你就照着这个尺寸裁得了。

事情要依着次序做，不要乱。

就是前一节说过的指人的宾语，多数也能换成这一种格式，“他送给我一本书”，“他送了一本书给我”，“他教给我们一个好方法”，“他跟（向）你借了多少钱？”可是得注意，除了最后一个例子，这个仂语的位置都在主要动词之后。

语文今昔谈

四　文言和白话

难定界说

文言和白话是互相对待的两个名词：在早先，没有白话，也就无所谓文言；将来要是有一天，文言不再在一般社会里头通行，白话这个名称大概也要跟着消灭。本文不打算比较文言和白话的优劣，无论从艺术方面或是从实用方面来看；本文要讨论的只是文言和白话的性质和二者之间的界限。

文言和白话是两个不很确切而又很有实用的名称。不很确切，因为不能"顾名思义"：文言有很简朴直率的，白话也有很多花言巧语。有实用，因为没有一对更好的名词可以拿来替代。"国语"和"国文"在字面上是显豁得多了，但国文不一定只指文言，白话也不见得等于国语。国语偏重口说的，白话多指笔写的；国语偏于现代的，白话的界限较宽。

究竟文言是什么，白话是什么呢？大家都苦于心知其意而不容易定下明确的界说。曾经有人说过，文言是“古语”“死语”，白话是“今语”“活语”，文言是古代的拉丁文，白话是现代的意大利语。这个说法未免把这个问题看得太简单了。第一，一部分文言根本不是“语”，自古以来没有和它相应的口语。第二，文言并不完全“古”和“死”，打开今天的报纸来看，大部分是文言，而这里头又有大量的“今”和“活”的成分。所以刘半农先生说：“文言非死语……这是一种符号语，是几千年以来的文人共同努力造成的。”但是这种符号语和实际语言的关系如何，刘先生没有说。而文人造成之说也有点毛病，第一个唱出“求我庶士，迨其吉兮”的女子未必是个文人，难道我们还能说这不是文言？

考考直觉

上面说，文言和白话的分别，我们心知其意，因为任便拿出一段文字来，我们能直觉地判断这是文言，或这是白话，或这是文白夹杂，这几句是文言，那几句是白话。虽然不见得绝对没有异议，但是大多数人的意见会一致。极端的例子无须引用，引几段界限上的例子来试试：

（1）中黄门田客持诏记，盛绿绨方底，封御史中丞印，予武，曰：“取牛官令舍妇人新产儿。婢六人，尽置暴室狱。毋问儿男女、谁儿也。”武迎置狱。宫曰：“善臧我儿胞，丞知是何等儿也？”后三日，客持诏记与武，问：“儿死未？”……后三日，客复持诏记，封如前，予武，中有封小绿箧，记曰：“告武，以箧中物书予狱中妇人，武自临饮之。”武发箧：中有裹药二枚，赫蹄书，曰：“告伟能，努力饮此药。不可复入，女自知之。”伟能即宫。宫读书已，曰：“果也，欲姊弟擅天下。我儿，男也；额上有壮发，类孝元皇帝。今儿安在？危杀之矣。奈何令长信得闻之？”宫饮药死。

（《汉书·外戚·孝成赵皇后传》）

（2）自道文病，中宫三遣左右来视，云：“天教呼汝。”到二十八日暮，有短函来，题言“东宫”，发疏，云言：“天教欲见汝。”即便作表求入。二十九日早入见国家，须臾遣至中宫。中宫左右陈舞见语：“中宫旦来吐，不快。”使住空屋中坐……中宫遥呼陈舞：“昨天教与太子酒、枣。”便持三升酒、大盘枣来见与，使饮酒啖枣尽。鄙素不饮酒，即便遣舞启说不堪三升之意。……陈舞复传语曰：“不孝，那天与汝酒饮不肯饮？中有恶物邪？”遂可饮二升，余有一升，求持还东宫饮尽。

（《晋书·愍怀太子传》，“遗妃自明书”）

（3）臣以今月七日预皇太子正会，会毕车去，并猥臣停门待阙。有何人乘马当臣车前，收捕驱遣命去。何人骂詈，收捕谘审欲录。每有公事，臣常虑有纷纭，语令勿问，而何人独骂不止，臣乃使录。何人不肯下马，连叫大唤。有两威仪走来击臣收捕。尚书令省事倪宗又牵威仪手力击臣下人。宗云：“中丞何得行凶，敢录令公人？凡是中丞收捕，威仪悉皆缚取。”臣敕下人，一不得斗。凶势辀张，有顷乃散。

（《宋书·孔琳之传》，“奏劾徐羡之”）

（4）彼常愿欲共我一过交战。我亦不痴，复不是苻坚，何时与彼交战！昼则遣骑围绕，夜则离彼百里宿去。彼人民好降我者驱来，不好者尽刺杀之。近有谷米，我都啖尽，彼军复欲食啖何物？能过十日邪？……彼谓我攻城日当掘堑围守，欲出来斫营。我亦不近城围彼，止筑堤引水灌城取之。彼扬州城南北门有两江水，此二水引用，自可如人意也（按：扬州指今南京）。知彼公时旧臣都已杀尽。彼臣若在，年纪虽老，犹有智策，今已杀尽，岂不天资我也！

取彼亦不须我兵刃，此有能祝婆罗门，使鬼缚彼送来也。

（《宋书·索虏传》，“魏太武帝与宋文帝书”）

（5）范今年二月九日夜失车栏子、夹杖、龙牵等。范及息逡道是采音所偷。整闻声，仍打逡。范问：“何意打我儿？”整母子尔时便同出中庭，隔箔与范相骂。婢采音及奴教子、楚玉、法志等四人于时在整母子左右。整语采音：“其道汝偷车校具，汝何不进里骂之。”

（《文选》，“任昉奏弹刘整”）

（6）景宗谓所亲曰：“我昔在乡里，骑快马如龙，与年少辈数十骑，拓弓弦作霹雳声，箭如饿鸱叫。平泽中逐麞，数肋射之；渴饮其血，饥食其肉，甜如甘露浆。觉耳后风生，鼻头出火。此乐使人忘死，不知老之将至。今来扬州作贵人，动转不得。路行开车幔，小人辄言不可。闭置车中，如三日新妇。遭此邑邑，使人无气。

（《梁书·曹景宗传》）

（7）英公李勣为司空，知政事。有一番官者，参选被放，来辞英公。公曰：“明朝早向朝堂见我来。”及期而至；

郎中并在旁。番官至辞。英公嚬眉谓之曰："汝长生不知事尚书、侍郎，我老翁不识字，无可教汝，何由可得留？深负愧。汝努力好去。"侍郎等惶惧，遽问其姓名，令南院看榜。须臾引入，注与吏部令史。英公时为宰相，有乡人尝过宅，为设食。客裂却饼缘。英公曰："君大少年。此饼，犁地两遍，熟概下种，锄塒收刈，打飏讫，硙罗作面，然后为饼。少年裂却缘，是何道？此处犹可，若对至尊前，公作如此事，参差斫却你头。"客大惭悚。

（张鷟：《朝野佥载》）

（8）诸和尚子，饶你有什么事，犹是头上著头，雪上加霜，棺木里枨眼炙，疮盘上着艾燋。遮个一场狼藉，不是小事。你合作么生各自觅取个托生处好。莫空游州打县，只欲捉搦闲话。待和尚口动，便问禅、问道，向上、向下，如何、若何；大卷抄了塞在皮袋里卜度；到处火炉边三个五个聚头，口喃喃举，更道遮个是公才悟，遮个是从里道出，遮个是就事上道，遮个是体悟。体你屋里老邪老娘！噇却饭了，只管说梦，便道我会佛法了也。将知你行脚驴年得个休歇么？更有一般底，才闻人说个休歇处，便向阴界里闭眉合眼，老鼠孔里作活计，黑山下坐，鬼趣里体当，便道得个入头路。梦见么？

（《景德传灯录》卷十九，“云门偃语录”）

（9）一向沉吟久，泪珠盈襟袖。我当初不合苦撋就，惯纵得软顽见底心先有。行待痴心守，甚捻着脉子倒把人来僝僽？ 近日来非常罗皂丑，佛也须眉皱，怎掩得众人口？待收了孛罗罢了从来斗。从今后，休道共我，梦见也不能得勾。

（秦观：《淮海词》，“满园花”）

（10）一、词状前朱书事目。一、状抄中紧切处不得揩改。一、据人户到铺写状，先须子细审问。不得添借语言，多入闲辞，及论诉不干已事。若实有合诉之事，须是分明指定，某人行打，或某人毁骂之类。即不得称疑，及虚立证见，妄攀人父母妻女赴官，意在凌辱。若勘见本情，其写状人亦行勾勘。一、不得为见不系籍人不得书写状抄等，便辄邀勒人户，多要钱物，方肯书写。如县司察探得知，必行根治。

（李元弼：《作邑自箴》，“写状抄书铺户约束”）

（11）尼堪云：“所言都好，但蔚、应州亦恐阿古走去彼处，候我家兵马到日来商量。所要系官财物，曾思量来，也系不是，便待除去。”尼堪、乌舍云：“我皇帝从上京到了，必不与契丹讲和。昨来再过上京，把契丹坟墓、宫室、庙像一齐烧了，已教契丹断了通和底公事。而今契丹更有甚面目来和也？千万必不通和，只是使副到南朝，奏知皇帝，不要似前番一般中间里断绝了。”……尼堪大喜云：“两家都如此则甚好。若要信道将来必不与契丹通和，待于回去底国书内写着。”

（《三朝北盟会编》卷四，引赵良嗣《燕云奉使录》）

（12）你每这几个也，年纪小里，读书，学好勾当。你每学尔的老子行。我来这里时，浙东许多去处只有你这几个老子。来到如今，也只有你这几个，每每和那士大夫翰林院说呵，也只把你这几个老子来说。你每家里也不少了穿的，也不少了吃的。你每如今也学老子一般般，做些好勾当，乡里取些和睦。你每老子在乡里，不曾用那小道儿捉弄人。他与人只是诚义，所以人都信服他。大丈夫多是甚么做？便死也得个好名。歪歪搭搭，死了也干着个死。

（《诚意伯文集》卷一，“诚意伯次子阁门使刘仲璟遇恩录”）

这十二段文字，哪些是文言，哪些是白话？读者的意见未必会一致。我曾经拿来试验好几位朋友，不说明出处，要求他们不加思索，看完就下判断，结果大致相同：从（1）到（6）是文言（其中有两位说（5）应该算是白话）；（7）是文白夹杂，引号里头的是白话，外头的是文言；（8）（9）是白话，（10）又是文言；（11）（12）是白话。让他们思索一番之后，意见就分歧了，有说都是白话的，也有说除（1）是无疑问的文言，（12）是无疑问的白话外，其余都是不文不白。可注意的是他们的第一次的直觉的回答相当一致，因为那个恰好反映一般人心目中的文言和白话的区别。我们且不去研究这种分法对不对，我们只问这种分法是用的什么标准。时代的先后？（10）明明在（7）（8）（9）之后，而（10）并非文人之文。和现代的口语合不合？那么连最相近的（12）也有相当差异。（这也难怪，五百多年了呢。）

一般人分别文言和白话用的是什么标准？——这就是我们的问题。

语言是主，文字是从

文言和白话是中国特有的问题，要明白这个问题，必得略述中国语文的历史；而寻根究底，恐怕还得先从语言和文字的性质讨论起。“语言”是什么？是人类用来表情达意的声音符号系统。“文字”呢？“文字”有两种意义。一种是“文字学”一词里的“文字”，也就是许慎的书名《说文解字》里的“文字”，是一个个单字，这不是我们这里讨论的主要对象。用来和“语言”对举的“文字”是朱子所说“看文字当如猛将用兵”的“文字”，是连缀成文的字。这样意义的“文字”可称为表情达意的形象符号系统。这两种符号系统之间是怎么样的关系呢？文字的起源大致和语言无关，图像可以示意，如美洲土人的表意画是很好的例子；这样的文字，如果可以称为文字，可说是一种独立的形象符号系统。古代埃及和中国的象形字是这种系统的残留物；公路旁边用三曲的线表示弯道，指路标上用一只手或一个箭头表示“由此去”，汽车上漆一个红色的十字表示是救护车，这些是现代还在应用的表意符号。

声音符号和形象符号比较，有两点较胜。一、使用较快。画一个人的形象多慢，说一个“人”字多快！（又如说“千军万马”，那得画多少时？）二、人类的情意越过越繁复，形象符号不能胜任，只有变化无穷的声音符号才可以勉强对付，例如“人来”“人去”还可以画，“物在人亡”怎么画呢？“人之初”也许还可以画，“性本善”就毫无办法了。可是形象符号也有一个优点，相当永久性。因此形象符号并没有完全被摒弃；但是终于丧失了独立性，被声音符号系统吸收过去做附属品或代用品；文字成为语言为特种用途——传远方，遗后世——而采取的形式。到了这个时候，形象符号（文字）不再能够直接和意念发生联系，必须透过声音才能引发意义。

这个道理，在使用拼音文字的西洋人看来，本是再明显不过的。他们写字所用的那些字母，最初虽然也是象形的，但传到现在的欧洲民族手里，一开头就只代表声音。但是中国社会里头一向有一个错误的观念，以为文字和语言是不相统属、并驾齐驱的两个系统。其实稍微思索一下就知道不确。论中国字的起源，象形、指事、会意之类原是和声音无关，是上文所说独立的形象符号。但是我们不可把起源和现状混为一谈。看了这个形象，也许知道它代表一个什么东西，写成“日”之后，怎么能知道它是太阳而不是窗户格子（甚至一条肥皂），假如不同时知道它的声音？我们的眼睛看见“太阳”这两个点画撇捺的集团，我们的脑筋里头立刻把它翻译成tài yáng这一串声音，然后引起了关于一个天上的红的圆的光芒四射的物件的意念；要是读文言，看见“日”字就先翻成rì再翻成tài yáng。因为经过长期的训练，这种翻译很快地做了，如果不是有意加以反省，竟不觉得有这回事。有些人，尤其是文字的训练不够的，看书非念出声音来不可，要是强制他不念，他就会感觉看不下去，这就是脑筋里翻译做得慢的缘故。我们更不可把单字和连贯的文字混为一谈，在连贯的文字里，哪怕是最早的甲文、金文，这些形象符号也已经非转换成为声音之后不能达意了。

总之，就现在世界上的语文而论，无一不是声音代表意义而文字代表声音。语言是直接的达意工具，而文字是间接的；语言是符号，文字是符号的符号。语言是主，文字是从。因为语言和文字有主从之别，语言可以包括文字：西文“语言”一词（例如英语的language）都是这样的涵义，而用“口语”和“笔语”来区别其表现形式为声音的还是形象的。中国则用“文”和“语”相对待。（这当然有它的历史的原因。）

言文不一

笔语是口语的代表，已如上述。但笔语是否完全和口语符合呢？这就是所谓“言文一致与否”的问题。这个问题的答语要看“一致”二字作何解释。要是指绝对的一致，那是古今中外都没有过的事。例如语调是语言里极重要的成分，可是文字里表示不出，就不能算是绝对一致。要是丢开语调不说，也只有现代的一部分剧本和一部分小说里头的对白可以算是一致，大多数文字是和实际语言有出入的。

何以文字会和语言有出入呢？有时候是为的图省事，把不重要的语词或语词的一部分省去不写，如电报、新闻标题、广告之类。古代书写工具不方便的时代，这个趋势也许更普遍。

但是最重要的原因是语言的变动性。我们知道，语言是不断地在变动的，这就造成笔语和口语不尽符合的机会。语言有三个因素：语音、词汇、语法；这三个因素都常在变化之中。语音变动的原因还不十分清楚，但变动相当大，同样几个词同样组成的一句话，过了三五百年会完全听不懂（正如同样一句话隔了三五百里会完全听不懂一样）。语法的变动也许和思想的方式有一点关系，还难说定；但变动的程度比语音要小得多。变动最大的是词汇。词汇的变动有时候也说不出道理（和方言的消长也许有关），如古代说“畏”，现在说“怕”；古代说“寒”，现在说“冷”。但大多数语词的变动和文化的变动有密切的关系：新的事物、新的意念不断地增加，新的语词也就不断地增加，比如“飞机”“升旗”“特务”这些语词都是三五十年前的词汇里所没有的；同时，许多语词跟着旧时代的事物和意念一同死去，如“花翎”“制钱”之类。越是文化变动得剧烈的时代，词汇的变动越大，我们生在这样的一个时代，这个道理不需要多说。这种种变动发生于口语，自然也反映于笔语，换句话说，文字也要跟着时代变。但是笔语却因此有了和口语参差的可能，因为笔语里可以保存一些口语里已经舍弃的早一时期的成分——词汇和语法。

我们说过，笔语是口语的代用品，何以他又会包容口语里所已抛弃的成分呢？他不要人懂吗？这里，我们必须明了一个技术上的事实和一个社会学上的事实。第一，笔语是写在纸上的，不像口语瞬息即逝；写的人可以仔细琢磨，看的人可以从容玩索。因此笔语比口语更胜任修辞上的变化，而这些修辞上的变化往往要利用非口语的成分。其次，更重要的事实，笔语和口语通行的范围有广狭之分。口语是一个社群里人人天天使用的工具，笔语却只是其中一部分人有时候使用的工具。普及教育，人人要识字，在欧美是十九世纪的产物，在中国是正在努力尚未成功的工作。在早先，假如这少数知书识字的人相互之间能了解，那么笔语里包容一点口语以外的成分又何妨。正好比各种行业有“市语”，江湖上有“切口”一样，不过不一定像他们有“不足为外人道也”的味道罢了。这就是笔语和口语参差之由可能变成事实的原故。

可是识字大有程度之差，从略识之无到精通文墨，当中有很大的距离。文人哲士之间唱和论议所用笔语虽无妨离开口语十万八千里（甚至用另外一种语言，如几百年前欧洲学者之用拉丁文或现在中国学者之用英、法、德文），但是文人有时要写一点什么给识字不多的人看，例如官府的文告，甚至给不识字的人听，例如歌词剧曲，就不得不接近口语下笔。略识之无的人有时候自己也要写封信写张契，那就更不会离开口语多远。所以，每个时代的笔语都可以有多种，有和口语大体符合的，有和口语距离很近的，也有和口语相去甚远的。这些形形色色的笔语虽然一种挨一种，构成一个不断的系列，但是当中也未尝不可划出一道界线：听得懂和听不懂。虽不完全相符而仍然听得懂，只是“走样”而已，听不懂则是“脱节”了。我们可以用这个标准把一个时代的笔语（文字）分成两类，凡是读了出来其中所含的非口语成分不妨害当代的人听懂它的意思的，可以称为“语体文”，越出这个界限的为“超语体文”。语体文有接近超语体的，超语体文也有接近语体的，完全系于所含非口语成分的多寡；只是量的差别，对的，但是量的变异确可以产生质的变异，由听得懂变成听不懂。（听得懂与听不懂牵涉到内容问题，此处假定内容不成问题，即同一为听者所能把握的内容。）

由于语言的常常变动，甲时代的口语到了乙时代成为古语，甲时代的语体文到了乙时代自然也会变成超语体文。但是乙时代所有的超语体文，尽管所含甲时代的成分之多已经超出乙时代人耳听能懂的范围，可未必就是甲时代的语体文。拟古之终于是“拟”，以及伪造古书之必然要被觉察，都是这个道理。

要是一个社会里头一般应用是以语体文为主，我们就说它是言文一致；要是通行的是超语体文，我们就说它是言文不一致。假如我们对于言文一致采取较宽的看法，我们就可以这样说。

超语体的笔语

上面分别语体文和超语体文，用听懂与否做标准，但文字是让人看的，听不懂是否也就看不懂呢？这就牵涉到笔语所用符号的性质问题。上面说形象符号被声音符号吸收了去做代用品；这种吸收有完全和不完全的分别。完全的吸收，如西文的字母，每个字代表一个比较单纯的声音。不完全的吸收，如中国字，即所谓汉字，亦即最近教育部定名的“国字”，每个字代表某些个声音的结合体。形象和声音的联系，在用字母拼写的文字是有规则的，自发的（这自然也有程度的差别，如英文拼法就不及法文有规则，更不及德文，但原则是相同的）；在中文是不规则的，独断的。比如说我写个sprogal，不但英语里没有这个字，恐怕所有欧洲语言里都没有这个字，但凡是应用这套字母的人民都会照他们各自的拼音习惯读出大同小异的字音；可是假如我写个“**桒**”字，连我自己都不知道该怎么读。

不以标音为原则，这是汉字的特色。这个特色产生几个重要后果。第一，汉字读音的变异性。在西文，一个语词的语音变了，这个语词的写法也得跟着变，例如古英语的faeder和hām到了近代英语成为father和home（这也是大概的说法，拼法的变换常有落在语音变换之后的趋势，现代英语、法语都是例子）。中文则不然，由于声音和符号的联系不密切，声音变了，符号可以不变，换句话说，一个字在不同的时代可以代表不同的声音，例如古代的ʻbʻi̯u和ˏka这两个语词在现代已经成为fù和jiā，可是我们仍然用“父”和“家”这两个符号来代表。这是一个异常重要的事实，很多学者认为这是汉字的优点。第二，汉字标音的困难。这么多的形象符号，几个乃至几十个形象代表同一个声音是自然的结果。因此一个语词往往可以有好几个写法，例如“彷徨”“傍偟”“方皇”“旁皇”（朱起凤《辞通》里搜集这类语词甚多），尤其是翻译外来的语词，如“佛陀”“浮屠”“浮图”同译一词。人名地名的译音更不用说，常看现代的翻译作品的一定深知这个麻烦。其实古代也是如此，“印度”“信度”“身毒”之类的例子甚多。第三，汉字认识的困难。学习拼音文字，只要认识二三十个字母并学会若干拼法习惯，就可以阅读纯粹的语体文和直率地写出他胸中的话。汉字则至少要分别认识二三千字才可以得到同样的效果。

因为我们握有这种特别的笔语工具，我们的语文发展就有和一般西文不很相同的历史。首先，缩短两个时代的笔语的距离。汉字的读音变异构成它的超时代性。早一时代的语体文，假如用原来的语音读出来，次一时代的人已经听不懂，但他们仍然可以认识这些字形，读以当时的语音而勉强懂得一大半或一小半。耳朵里死了的，眼睛里还活着。这就是说，语言的三个因素有一个在笔语里不生影响。这就产生了一种西洋人羡慕得了不得的奇迹：二千年前的文学我们可以无须有超出学习现代语文的努力而了解并欣赏。例如“羊牛下来”这句诗，假如周朝的诗人用他的语音吟给我们听，我们绝不会懂；但因为凑巧这句诗里的四个语词的变化都只限于语音，笔语不受影响，所以这句诗就有了“万古如新”的性质。这当然只是一个例外，有些语词的变化事实上已经不限于语音，例如“耳”已经成为“耳朵”，“发”已经成为“头发”，但是我们见了“耳”和“发”还是容易认识它们的意义，因为无须同时理会读音的差异。只有一个语词已经死了，或者已经不照古时候那样用了，这才非经过特殊训练不会认识。把这几种情形加在一起看，汉字无疑义地有缩短两个时代的笔语的距离之用，也就是让学会次一时代的笔语的人学习早一时代的笔语更加容易。

其次，上面所说两个时代的笔语都假定是语体文，事实上汉字又使中国的笔语比用拼音字更容易保存古代成分。人们的惰性有作用，明明已经说“耳朵”了，但是一个“耳”字既可以代表，何必多麻烦，而且“朵”这个音究竟应该怎么写呢？（汉字标音的困难见上。）不写也罢了。口语明明已经说“眼”或“眼睛”了，换一个新字麻烦，就仍旧写上一个“目”字。推而广之，“耳朵眼睛都好”不妨写成“耳目健好”。文人学士的好古的脾气也有它的作用，“耳目健好”当然比“耳朵眼睛都好”古雅些。

又其次，汉字认识的困难使中国的读书识字的人数常常维持很低的比率。而既读书识字则了解较早的笔语又比较容易，如上所述。所以社会里需要较纯粹的语体文的人特别少，因而口语对于笔语的控制力也特别小。

这几个条件都有利于超语体文的发展。中国的超语体文之特别发达，且一直成为通行的笔语，追究起来和汉字的性质有莫大的关系。

但语体文却并不因此不产生，而且不必等到近代通俗文学发达以后。远古的事情难于说得确实，但是大概说起来，《尚书》和金文，假如不近于口语，也无非是电报式的紧缩过甚之故，但还不能算是超语体，因为这里面未必含有多少口语以外的成分。春秋战国时代的文字，《论语》显然是语体，《孟子》大体上也还是语体，《荀子》《庄子》就颇有超语体的嫌疑了。《左传》和《国策》里若干对话当是语体，而大段议论处恐怕应该归入超语体。这些都很难说定，现在姑就秦汉以后说。前面所引十二段文字，无论其中有几段应该算作文言，都可以说是语体文，因为大概都和当时的口语相去不远，同时代的人大概都听得懂。现在不妨大略看看这些语体文出现的场合和动机，即何种文字时时或经常用语体，何以这些地方用语体而不用超语体。以文章体制而论，用语体最多的是记言之文，其次是记事文和说明文，又其次是抒情文和议论文。例（8）（11）（12）都是记言之文，都用的较纯粹的语体。记言和记事之文所含语体的多寡比较，可以就两类作品来看。一是史传。《史记》《汉书》的文体，即令不是语体，也一定离语体不太远。（《晋书》记石勒听人读《汉书》，闻郦食其劝立六国后，惊曰："此法当失，何得遂成天下？"此处所谓"读"也许是"讲读"。）但后代史家都宗奉《史》《汉》，所以一般史传文都成了超语体，但其中记言的部分时常有语体出现，如例（6）。另一类是笔记小说。小说本是所谓"稗官野史"，所以文体近于史传，即记事的部分多用超语体，而记言的部分多用语体，如例（7）。初期的小说本来全文都近于语体，如《世说新语》是很好的代表，但后世的笔记小说又似乎把世说体作为模范，结果又成为超语体了。说明文实事求是，不尚辞藻，多数和语体相去不远，但说明文又以简括为尚，所以也不大用纯粹语体（这个趋势至今还是很显著），最好的例子是《齐民要术》一类的指导书，我们举（10）为条例告白的例，这也是一种说明文，但比较地更接近语体。抒情文和议论文，在先都以超语体为主，直到词和语录出现。民间的歌曲自然很多是语体，而且影响到文人的作品，以至有以老妪能解为贵的。

再就应用文和文艺文的分别来说，一般又以应用文用语体比文艺文为多。例如供状（例1和例5），一件案子的是非曲直，一个人或若干人的生死荣辱都交代在这纸文书上，因此不容许玩弄文辞；他既从实招来，你也得照实记录。例（3）是奏议中陈诉案情，自然要用实际语言来记述事实的真相。一般的奏议，开头和结尾的高谈阔论常用超语体（尤其是因为常引经据史），但中间涉及民生时政时就不得不接近语体；我们只要拿曾国藩等人的奏疏和贾谊的比较，就知道这一类文字不得不受时代的拘束，不像“什么论”之类可以任便模仿《过秦论》。书简也多有语体，大率事务往来，求其明确，可不必甚至必不可掉文，家人父子之间自然更加非如面谈不可。例（2）例（4）也许都是特例：例（2）或许是因为要记述事实的真相（其实这封信无异于供状），或许是因为这位太子的文墨本不高明；例（4）大致是因为非如此不足尽谩骂之能事，虽然执笔者可能是汉族的文人，而那位拓跋氏皇帝不准他润色。这两个例且不管，晋人的尺牍是语体，宋明人的小简近于语体，而语体的家书更是甚多甚多。（“上书”和预备人传诵的“与某某书”当然不用语体，作者本来不把他当信写。）例（11）也是一段应用文，看题目仿佛是普通的行纪，但其实是外交人员担任重要任务者事后的记载，要进呈朝廷的，这类文字自然要力求翔实，所以不避语体。语录一物，在禅宗的和尚和宋明理学家，有时看得比经典还要重要，自然要一字不易地写下才合适，虽然我们例（8）所引的一段却正是对于揣摩语录者的当头棒喝。从广义上说，语录也是古已有之的东西，《论语》就是。

文艺文，无论是骈文也好，是古文也好，反正一向都是以超语体为主。何以应用文和文艺文有这样相反的趋势呢？因为应用之文，“真”重于“美”，自然倾向语体。文艺文以“美”为尚，假如一时的风气以雕琢为美，以本色为不雅，自然就走上超语体的路了。虽然有些文学家也明白唯有用语体记言才可传神的道理，如古文家欧阳修在《新五代史》里也不避他所谓“俳语”如“此时佛出救不得，惟皇帝救得”（《冯道传》）之类，一般说来，必须等到“真即是美”的道理为文学家所承认，语体文艺作品才会产生。以现今而论，大概不会再有人企图用超语体文来写小说或戏剧了。

以现今而论，文艺文和应用文的情形反而和上面所说的相反。文艺作品，除旧体诗词还有人做做而外，其余都用语体了；而应用文反而显得比较守旧。这是因为应用文一直在那里跟着口语走，可是总保持相当距离，可算是渐进的；在近代，这个距离有加长的趋势，公文有程式，写信也有程式。而文艺文则经过了一度文学革命，仿佛是一种突变，因而走到应用文的前头。但近代文艺文的语体化也不是没有经过挫折，南宋人的词比五代北宋的离语体更远，明清人的曲文也多沿袭元曲的用语，有时对明清的口语已成为超语体。

文言和白话的界限

以上说明口语和笔语，语体文和超语体文的关系，一般的情形和中国所特有的情形。77页的图可以表示一个大概。这里头甲、乙、丙、丁是四个相次的时代，点线所包含的区域代表口语，画了斜线的区域代表语体文，空白的区域代表超语体文。甲时代假定是最早的时代，这个时候的文字很少和语言密切符合的，但不害其为语体文，事实上这个时期还无从产生超语体文。到了乙时代，甲时代的口语有一些成分留下，另有一些成分被废弃，同时在另一端增加了新的成分。如此一个个时代下去，口语的区域，逐渐往右移动，语体文的区域也跟着往右移动，这个表示笔语追随口语的情形。同时，语体文和口语符合的范围加大，到了丁时代就有了差不多和口语密合的语体文。时代越后，不但语体文的活动范围放宽，超语体文的范围也同样加大，这正表示语文遗产的逐渐累积。

现在可以回到本文开头的问题：文言和白话的界限何在？有人以为文言和白话的分别就是超语体文和语体文的分别；图中AA'线代表这个界限。胡适的《白话文学史》上溯秦汉，似乎是采取这个分法。这种分划的好处是简单，但有一个毛病：语体和超语体是相对的，甲时代的语体文到乙时代会成为超语体

文，而一般人心目中的文言和白话的分别是固定的。第二种分法，

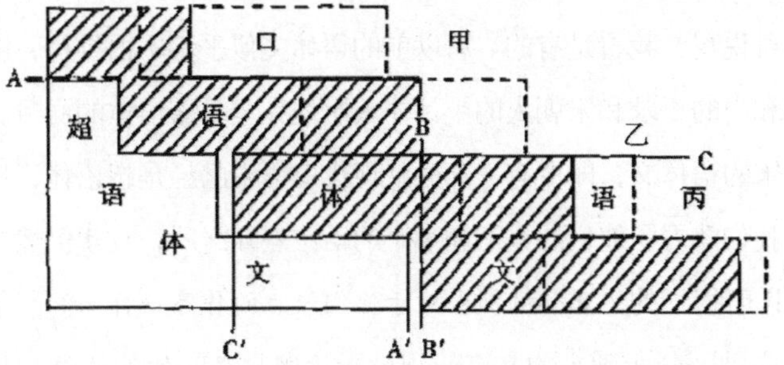

如图中BB'线，是以现代人听得懂的为白话，即包括最近一时代（假定为明清至现代）的语体文，及更早一时代（假定为唐宋元）的一部分语体文。这个分法倒也简单，但如例（8）（9）等，虽然现代人听不懂，但大家都承认是白话，不是文言。第三种分法是把唐宋以来的语体文都算作白话，如图中CC'线所划定：这里包括一部分就现代而论应该算作超语体的东西（图中BB'线以左），即例（8）（9）以及明清人的一些曲文等，这是和第二种分法不同之处；同时拒绝了更早的语体文（图中甲乙两段AA'线以上），这是和第一种分法不同之处。这种分法多少带几分武断性，不像前两种之各从一个原则出发；但这似乎是一般人区别文言和白话的办法，上文引十二段例文之后接着提出的何者为文何者为白的假定，就是基

本上遵循这种分法。

这第三种区分法，除最符合多数人的直觉外，是否也有理由可说呢？我看是有的。唐以前的语体文似乎都不很纯粹，唐朝和尚的语录和宋朝人的平话才大胆地完全呈露语体的面目。唐宋的语体文，即令有一部分就现代口语说已经是超语体，只要我们熟习了他们的词汇和小小的语法差异之后，我想仍然是可以听得懂的（正如欧洲人对于他们较古的作品一样）。至于照这种区分所划定的文言，那就无论曾是某时代的语体文与否，怎样学习也不能用耳朵去了解，必须用眼睛去看。读熟一篇文言文再去听别人背，这是另外一回事；这里所谓听得懂是听自己没有读过的文字。这个用耳和用目的分别和汉字的读音演变有极大的关系，许多单音语词在唐以前可以用读音去区别，而宋以后非用眼睛去看就不能分别了。从这一点看，普通人的直觉的看法不为无理。

由此，我们可以给“文言”和“白话”试着定一个界说。白话是唐宋以来的语体文。此外都是文言；其中有在唐以前可称为语体文的，也有含有近代以至现代还通用的成分的，但这些都不足以改变它的地位。白话是现代人可以用听觉去了解的，较早的白话也许需要一点特殊的学习；文言是现代人必需用视觉去了解的。

五　汉字和拼音字

——汉字改革一夕谈

【主】下雨天留客，今天晚上你是回不去的了。只是寒斋无处不漏，累你在这里受罪，如何是好？

【客】你我虽只半城之隔，彼此忙忙碌碌，也难得会面。今天就着这巴山夜雨，烹茶剪烛，作竟夕之谈，倒也是不可多得的机会。

【主】谈什么好呢？

【客】你平常主张改革汉字，采用拼音字，我一向未敢苟同，今天就拿这个做题目讨论一番，你看怎么样？

【主】你是客，我是主，就请你先发表你赞成汉字的理由。

【客】不然。汉字好端端地用了几千年，你平白要把它废除，改用拼音字，自然该由你先说明何以非如此不可的道理。

【主】那么我就不客气了。我认为汉字不及拼音字有四点。第一，从学习的观点说，汉字难学，拼音字容易学。中国文化之久，世界闻名，可是文盲之多，也是世界闻名，这个一部分固然由于国民教育的设施还没有普及，一部分也由于学习汉字的困难，不是短期间补习或是自修就能收效。中国小学毕业的儿童运用本国文字的能力远不及欧美各国同一阶段的儿童，这个一部分固然由于中国小学教育办理的未能尽如人意，一部分也还是由于学习汉字的困难。

【客】我所闻者异于是。有心理学家做过实验，说明认汉字和认拼音字的快慢相同，也就是难易相同。理由是无论汉字或拼音字，认识的时候都是从整个的形体去认识，认识汉字的时候并不逐一辨认它的笔画，正如认识拼音字的时候不经过辨认字母的程序一样。你承认不承认这个事实？

【主】我承认这个实验的结果，也承认这个解释的正确，但是我不能不说，谁要是就此断定学习汉字和学习拼音字的难易相等，可就犯了知其一不知其二的毛病了。

所谓知其一不知其二，有两层意思。第一，这种实验里边的所谓认字是指经过教学之后的复认。教学的程序是先给字形，然后告知字音和字义，使它们和字形发生联系。复认的程序是先看见字形，因已有的联系而忆起字音和字义。大凡儿童初学认字，无论是汉字或是拼音字，都是这样。可是要是学习的是拼音文字，经由这种方式认了若干字之后，即使教师不去有意提示，儿童也会不知不觉地加以分析，逐渐悟出各个字母的音值和拼音的条例。这以后，他就有了自学的能力，遇见一个新的字，虽然没有人教给他，他也会读出它的声音。又因声音而悟出它的意义，只要他的说话里已经有这个字。从此以后，他的文字的词汇就自动地跟着他的说话的词汇扩展，只有他的耳朵里没有听见过的字，头一次在书本上遇见，才非有人教给他不可，而且他至少还能读得出它的音。要是学习的是汉字，他就得不到这种方便，始终得一个一个地当全新的字去学，始终得有人教给他，因为每一个新的字的读音和意义都不能预测。譬如说，一个英国或美国的孩子，头一次看见rose这个字的时候，尽管没有人教他，因为他认得nose、rode这些字，他就会读得出它的音，又因为他听见并且说过这个字音，他就知道这个四个字母连成的字形是什么意思。可是一个中国孩子头一次看见“玫瑰”这两个字的时候，虽然他家院子里种着méi guī，他面前花瓶里供着méi guī，他成天价嘴里嚷嚷着méi guī，要是没有人从旁指点，他又怎么会知道这两个字儿就指的是那个花儿呢？

【客】你别欺负我乡下人，我不信英美的孩子见了climb、foreigner这些字也会一读就对，就知道是什么字。

【主】当然，欧美的现行文字也有拼法和读音不容易一拍就合的场所，英文里头这种例子尤其多，但是我们所设想的拼音汉字自然是有条有理，不会让它像英文这样凌乱的。而且就拿英文来说，到底是拼法有规则的字多，不规则的字少，所以英美的儿童也往往认字一两年之后就会有一旦豁然贯通的经验，拿起儿童读物来就可以爽爽快快地读下去；中国的儿童，就是极聪明的，也要三四年之后才能做到这一步，这就是吃了汉字的亏。

而况我刚才说过，所谓知其一不知其二有两层意思，我这才说了一半，还有更重要的一半呢。文字的学习包括认字（从字形到音义）和写字（从音义到字形）两方面。即使认字的难易相等——我并不承认是这么样，只是即使是这么样——写出汉字和写出拼音字的难易也不可同日而语。写拼音字，只要记得二三十个字母和有数的几条拼写规则，就能把嘴里的字写在纸上；但是汉字呢？除了一个个字死记它的笔画或它的构成的部分和构成的方式外，没有什么简便的方法。现在人笔下白字多，这是根本的原因；或是因为字形记得不真切，多写或少写或误写了一部分，或是上下左右写颠倒，或是连整个字形轮廓都想不起来，自觉地或不自觉地写个同音的字来代替。总之，写白字是汉字先天的病根，汉字一天存在，白字就一天不得消灭。现在各级学校里的国文教师把大部分批改作业的时间消耗在改白字这一件事情上，反而没有工夫去指导用字和造句，可见汉字的影响语文教学还不但是在认字和写字的方面，真是可怕。

【客】照你这么一说，西洋人都不写白字了！

【主】西洋人当然也写白字。初学拼写，条例不熟，写白字是不免的，尤其是像英文这种例外拼法的字相当多的文字。但是比起汉字来，错误的机会少多了。要是拼音的条例不太复杂，错误的机会就更加要少得多。

【客】汉字也有条理，懂得它的条理，也就不难学。汉字的条理就是六书，这是旧时称为小学的一个部分，现在管它叫文字学。从前的人讲究小学，所以不大写白字，现在的学校里不讲小学，所以白字就多了。

【主】对于你这个话，我有两点可说。第一，这和这儿的论点无关。因为说汉字难学习并不等于说汉字无从学习。即使文字学能帮助汉字的学习，要是文字学的训练比拼音法式的训练要多费时间，那么汉字仍然是比拼音字难学。其次，文字学虽然能让咱们了解汉字的构造，但是对于汉字的实际学习究竟有多大帮助，也还是大成问题。在古时造字的原则里头，由于字体的变化，由甲骨、金文而篆而隶而楷书，象形久已不“象”，指事和会意本来很抽象，不是一望而知，应用最广的只有形声一条，现在通用的汉字十有八九是形声字。（六书里头转注和假借是用字的法则，不是造字的法则。）按说这些形声字半边表声半边表意，很合于文字的理想；汉字所以停滞在这个阶段，不再向拼音文字的路上发展，就是因为这种形声字还能对付一气。但是这里边的声符在古时候应用起来就不十分严格，后来字音经过种种变动，这种音符更加有点名不副实。很明显的有两点：一、一个音符不能表示这个字的音，如“通”和“诵”都从“甬”得声，“晚”字从“免”，“途”字从“余”，这种例子实在多得很（有一天，我的小女儿拿着一本书大声地叫唤“满面输快”，我们始而不懂，继而哈哈大笑，但是你能怪她吗？）。二、同一个声音有好些个声符可用，如“时、试、仕、柿、驶、始、适、室、誓”等字同音（声调暂且不论），分别拿“寺、式、士、市、史、台、商、至、折”做声符。至于意符，本来就只有类别意义的作用，不能确切指示字义。所以，就认字而论，假如没有人教给你，你看见一个“试”字，只知道它的意思和说话有关，声音和“式”字相同或是相近，可是你怎么能猜出它是考试的试呢？讲到写，你更没有办法，因为不但是声符众多，意符又何尝不可以不用“言”而用“口”或“手”或“目”或“耳”，于是在“试、诗、仕、讳……呔……拭……眡……耻……这么些个形式之中你又怎么决定一个呢？

【客】就算拼音字学习起来比汉字容易点儿，又怎么样？

文字的优劣是不能光拿学习的难易来判断的啊。

【主】这个自然，不过你也别太看轻了学习难易的区别。文字容易学，就容易扫除文盲。扫除文盲这件事，在工业化、民主化的社会里边何等的重要，不用我多说。我只拿大家平常不大注意的一件事情来说说。你感觉现在的创作文学太疲弱吗？在种种原因里头有一个最重要的原因是：写作的人还是限于所谓“读书人”，读书人的生活大率是狭窄而单调的；许多在这个动乱的社会里富有实际生活经验的人，种地的，做工的，撑船的，开汽车的，当兵的，乃至各色各样的混混儿，他们有一肚子可泣可歌可笑的材料，他们能口若悬河、生龙活虎地“摆”给你听，但是提不起这支笔，驾驭不了那些个方块字。要是让这些人在短期内学会写字——自然只有拼音字才办得到——你看会有多少蓬蓬勃勃有真情实感的诗歌小说涌现出来！这不是我瞎说，你只要看看苏联和美国的文学就可以知道。

【客】无论如何，我不承认一种难学的文字就是坏文字，一种容易学的文字就是好文字。

【主】好，你听我说我的第二个理由：就文化工作的效率说，汉字效率低，拼音字效率高。

【客】你这个话我有点不明白。难道汉字不能担负文化工作吗？那么咱们中国四千年来是没有文化的，一定要等洋文字儿进来才会有文化了！荒谬！荒谬！

【主】我是说文化工作的“效率”，你不必装作老顽固，连这个意思都不懂。现在是讲效率的时代，效率就是快——当然还得要正确，可是汉字容易错，刚才已经说过。要讲快，汉字自然不及拼音字——

【客】你是说汉字写起来没有拼音字快？你可知道——

【主】不那么简单。我的意思是在一切文化工作上都是用汉字慢而用拼音字快。原故，拼音字能机械化，汉字不能机械化。

【客】哦，这里头还有机械化，越来越时髦了。你倒说说，我倒听听。

【主】拼音字的机械化可以分两个方面。其一是和字母次序有关的——字母次序就是alphabetical order，你别再打岔。汉字虽然也有部首，可是部首的数目太多（**一般字典都依据《康熙字典》，那里边分二百一十四部**），部首一多，次序自然不容易记牢，而且分部里头也有许多问题。有了一套简单明了的字母次序，第一，咱们就可以有容易检查的字典。字典这个东西，从小学生到博学鸿儒没有一个用不着它。可是咱们中国的字典查起来太烦难了，不但浪费时间，而且许多人望而却步，索性不去理它。譬如中学生，该是请教字典最勤的人，可是现在的中学生就最不爱查字典。为什么？你说他们是读书不求甚解，根本懒怠翻字典吧，偏偏他们又不怕查，常常查英文字典。中文字典不但是难查，而且还有一个缺点。一个字有形声义三面，普通查字典是由字形求声和义（在拼法严密而无例外的文字，音是不必查的），可是有时候咱们记得一个字的音和义，记不真它的写法（这个情形在拼法严密的文字也会有的，尤其是在初学者），在英文、法文、德文字典都有办法查，到了中文字典就没办法了。越是汉字的字形难记，越是没有法子查，你说叫人着急不着急。说句笑话，我有时想起一个字，忘了怎么写，常常去英汉字典里查，譬如忘了“鬱”字怎么写就去查melancholy，还管保十有九能达到目的，你说这岂不是又可笑又可恨？

【客】得了，你别把中文字典形容得那么不堪。我承认用部首的字典确是不容易查，可是现在新发明的检字法多得很呀，什么四角检字法、首尾检字法、点线面检字法，还有咱们前任教育部长的五笔检字法，以及许多我连名字都记不起的检字法，还有些小字典用笔画检字法——难道这么多检字法里头就没有一种能用吗？

【主】检字法层出不穷，这就证明汉字检字的病入膏肓。

你看见医药界的情形没有？得了疟疾吃奎宁，谁都知道；治肺病的药就日新月异，层出不穷。为什么？为的是没有一种有特效哇。

【客】就只字典难查一点，也没有什么大不了。

【主】你不能小看字典，字典和辞书是传播文化的中坚分子。不信，你去书铺子里打听打听，什么书最销得开？《辞源》《辞海》！比张恨水的小说还强。再说，字典只是一端而已。因为咱们缺少一套字母次序，不但没有容易查的字典，也就没有容易查的书目。图书馆是知识的源泉，文化事业的大本营，但是图书馆的妙用全在乎一套目录，图书馆越大，目录越重要，用汉字编的目录也越透着左支右绌。图书馆目录之外，还有各种参考用的印本书目，出版商的书目，也都是极有用的东西。因为缺少一套字母次序，中国书十本有九本没有索引，一本书没有索引就变了半身不遂（西洋书除文学作品外，几乎没有一本没有索引）。尤其重要的是综合性的期刊论文索引，这是使学术“及时”，研究者事半功倍的工具；这类索引在中国是凤毛麟角，检查起来也不方便。至于日报索引，简直是付之阙如，你要查一件事情，就得捧起大本的报纸合订本来一张张翻下去。因为缺少一套字母次序，中国的地图除申报馆大地图外没有一本有地名索引，地图的效用失去一半。因为缺少一套字母次序，电话簿只能用笔画排，同笔划的字既多，头一个字相同的商号和机关更多，打电话是求快，可是“急病偏遇慢郎中”。因为缺少一套字母次序，官厅、商店、学术机关、私人，一切卷宗卡片之类没有一个简捷的排比方法，办事的效率减低一半。

这一切，从字典到档案，用汉字检字，不但是繁杂，而且不能让你确定有还是没有：不在这一部，得换一个部首试试；九画里没有，得到八画和十画里去查查；这一种笔顺或号码查不着，可能是另一种笔顺，另一种号码。用拼音字，有就有，没有就没有，立刻可以决定。

要是沿用汉字，我敢说咱们办事和求学的效率至少要打个对折。全国的人一天里头浪费在检查繁重的字典、目录、索引里头的时间该有多少？因为缺乏应该有的目录和索引而浪费在大海捞针里头的时间又有多少？因为缺乏应该有的目录和索引，产生不可避免的重复和阙漏，我们工作在质和量两方面的损失又有多大？这还是在识字的人占少数，各种研究和各种新式事业刚刚萌芽的今天，要是真正现代化起来，这种种损失又将增加多少倍？我不怕你说我故作惊人之论，我竟怀疑要是继续应用汉字，咱们中国的现代化能不能真正成功。

【客】你说拼音字的机械化有两方面，这是一方面，我且不跟你辩论，还有哪一方面呢？

【主】还有一方面是和字母次序无关而是由于字母的数目的。用拼音字，字母的数目通常不出三十，这对于文字的书写、印刷和传递都给予极大的便利。字母数目少，就可以有极灵便的打字机，比手写又快又清楚。汉字也有打字机，可是用起来不会比手写快很多，有些字还没有。有了打字机，一切文件很容易留副本。不错，手写也可以用复写纸，但是只能作副本用，正本通常还是要用毛笔或钢笔写的。

【客】这也是现在办公事的人的偏见，银行、邮局和商店里对于铅笔写的文件就一视同仁。只要做官的人少讲究一点他们所谓体统，多讲究一点你所说的效率，这个问题就解决了。

【主】无论怎么说，有了拼音文字和打字机之后，一个打字员能做现在两个乃至三个书记的工作，是不成问题的。说到印刷，汉字尤其相形见绌了。用汉字排字，得一个字一个字地检，得跑来跑去。在欧美各国，手排已经只限于标题大字，所谓display，普通字一概用机器排。无论是linotype或是monotype，检字就是打字，打字有多快，检字就有多快。人家排八大张的报需要几个排字员，咱们排两大张的报需要几个排字员，你不妨去调查调查。不但此也，用打字机排字，错误的机会少得多，又省了许多校对的工夫。甚至还有一些咱们意料不到的便利，我且拿一件小事情来做例。外国的论文索引之类常有累积式的，所谓cumulative index，譬如三个月出一次，第二季出来的就管六个月，到了第四季出来的就把全年的都依次排比好了。这够多么便利，可是一点也不奥妙，只是用的linotype，一行一行的铅字条第一次印过了放在那里，第二次的铅字条做好了就依字母次序和第一次的混合排列，如此继续下去。汉字的个个独立的字钉能够办得到吗？

再讲打电报，人家也是在打字机上发报，打字机上收报。咱们呢？文字翻成数码，数码又翻成文字，这样翻来翻去，把工夫都翻完了。咱们还没收发到一千个字，人家五千个字都不止了，而且管保人家五千个字错不上五个字，咱们一千个字还得错上三五十。现在大家闹“电报不如信快”，虽曰人事，岂非天命哉！再还有，人家已经有所谓电报排字机，把电报机和排字机联合运用（因为这两样无非都是变相的打字机），一个打字的坐在甲地，就可以同时在甲乙丙丁几个地方排字，这对于大报馆是一大便利。

但是这种种便利都只有拼音文字才可以享用，汉字是只能望洋兴叹。这书写、印刷、传递三件事的不经济，对于全国的人力又该是多大的浪费？

【客】别的不说，电报这一项我还知道一点，外国有所谓电报传真的办法，咱们拿来仿行，那么发电报可以同样的快，而且是真笔迹。我相信凡事只要肯下功夫去研究，总会有办法，汉字的打字和排字也必有改良的一天。而且老哥这一番话完全是功利主义的议论。咱们不幸而生在这个时代，不能不讲求一点功利，也只能适可而止，一定要把机器抬到人的头顶上去，也就未免有点舍本逐末了。

【主】电报传真的手续并不简单，即使这可以解决电报问题，还有印刷和抄写，还是无法改进。你说一定有办法，我不敢这么乐观。至于对于功利主义的是非，恐怕你我的看法也绝不会一致。你说我舍本逐末，我不知道你所说的本是些什么。在我的看法，不讲究本固然不必去讲究末，可是不讲究末也就无从讲究本。而且在我看来，要是因为改用拼音字而能减短每个中国人学习文字的时间一年，增加全国文化工作的效率一倍（这都是十分保守的估计），这就和全国人民的福利有绝大关系，不能算是微末了。

【客】得了，你我的看法既然不会一致，也就不必节外生枝，还是守着本题讨论下去为是。你且说你的第三第四个理由。

【主】这两项理由都是理想主义的，不是功利主义的了，你听着。我赞成拼音字的第三个理由是从沟通中西文化的观点出发。咱们的汉字用来标音是非常笨重的。现在外国人名地名的译音大多数是佶屈聱牙，如“诺服给奥基厄甫斯克”“盖德奥诺夫斯基”之类，一般人见了都直摇头。不但难读难记，而且我用这几个字，你用那几个字，读书的人也不知道这是一个地方还是两个地方，一个人还是两个人。中国人的世界知识的肤浅，这件事也得负点小小的责任。还有种种科学的术语和一般文化用语，有些是应该翻译的，也有些是国际通行，不必翻译的。但是因为汉字不是拼音的文字，不得不全都翻译。译音固然是非驴非马，译义也有望文生义，译语分歧，选字生硬难记种种毛病，例如democracy翻成“德谟克拉西”固然是无聊，dichloroethylsulfide翻成“二氯硫乙醚”也还是何苦多此一举。要是改用拼音字，译义的字可以减少，更无所谓译音。人名地名当然是名从主人，许多国际通行的术语也可以直写原文。而且用了拼音字之后，中国儿童从小认识这些字母，懂得拼音的原则，学起外国语来也要便当得多。

这一切都是便利咱们中国人接受国际文化。同时，中文采用拼音字，外国人学起来也更加方便，中国人在文化上的贡献也更加容易传播到别的民族里去。这对于世界大同这个理想的实现应该有一点帮助。最低限度也可以减少一点误解。过去在外国拍发汉字电报，因为用数码，要作密码看待，平时加倍收费，军事时期还不能拍发，这是小小的一例。

【客】人名地名译音本来是没有必要的一件事，中国人看看翻译书的大率都进过中学，拼拼音并不费事。不过插在汉字中间太不顺眼。至于术语译义，我认为还是一个好办法，德文里头也常常译义的。译音不容易同化，直写原文更要不得，妨害咱们本国语言文字的统一性。世界大同固然是崇高的理想，可是咱们也不能太屈己从人。

【主】要是大家不肯屈点己从点人，世界的前途也就黯淡得很。丢开沟通文化不说，单单就中国语文本身的发展说，我还有一个更重要的赞成拼音字的理由。咱们的语体文自从新文学运动到现在，快有三十年的历史了，可是这个语体文究竟“语”到了什么程度，你我都很清楚。赵元任先生有一段话，很有意思——喏，就在这本《最后五分钟》的序言里，我念给你听：

白话文的运动到现在差不多儿有十二年了，可是随便拿一段白话文来念念，叫一个人在旁边听着：

“歌德原文是很美婉的，我底译文不足方其万一。”问他听得懂吗？假如听得懂，再听：

“这么好的景致，终于又相见了！这样幸福旧游之地，终于又相见了！那边为什么这样的冷静呀，窗子也没有一个开着。这般荒凉的凉台，当我们从前一同坐在那儿的时候，是何等有生趣呀。”

这懂是可以懂了，可是谁听见过有人这么说话的？我并不是说这种半白的白话文不好，或是不应该，我自己也有时候儿写这类不成话的白话。可是这都是用汉字写白话的糊弄局儿。因为咱们都认得汉字，懂得文言，所以把“之乎矣焉……”改了“的吗了呢……”就算写白话文了。

赵先生说这句话到现在又有十六年了，情形还是差不多；不信，我念两段你听听：

“当我预备接眷来渝的时候，就尝当街仰望，颇垂涎那些商店的楼房。”

“然而，既是邻居，到底不同路人，虽平素不相闻问，却时时声气相通。”

“户外看长脚蜘蛛于仙人掌篱笆间往来结网，捕捉蝇蛾，辛苦经营，不惮烦劳。”

这些都是天天看见的富于代表性的语体文。所以赵先生的结论是：

所以不用汉字则已，假如用汉字，还是写不成话的白话文较为便利。这句话咱们可以修改一下，叫做：假如用汉字，写出来的一定是不成话的白话文，因为汉字是管看不管听的，写文章的人也就只顾人看得懂看不懂，不顾人听得懂听不懂了。

于是“文”和“语”还是打成两橛，岂不大大地违背了当初提倡语体文的本意？

赵先生接下去说：

再进一步说，汉字最相宜的用处，还是用它来写文言文，那就可以写得恰恰不多不少，这是它的逻辑的地位。

反过来说，要写真正的语体文，就得用拼音字。

用了拼音字，不但是写文章的人不能信笔所之地凭仗汉字“拆烂污”，而且文字的运用有许多巧妙，非用拼音字没有法子办到。文字的作用在于代表语言，要能把语言的隐微曲折处传达得惟妙惟肖，才算是发挥了文字的功能。譬如说，口语里有许多字一向没有蒙文言录用，现在语体文里要用它，写成什么样儿的汉字好呢？结果是你这么写我那么写，弄得很不一致，譬如有人写“别扭”，有人写“蹩扭”，有人写“麻胡”，有人写“马虎”，这种乱糟糟的写法，一改拼音字自然就归于一律。还有许多有声无字的词儿，常常因为没有适当的汉字或是虽然有而怕写出来引起误会，就此牺牲了不用的，文章为之减色不少。

【客】这也只要大家试写，久而久之自然约定俗成。《红楼梦》里头不知道有多少字是曹雪芹自我作古后来就通用开来的。而且你说用汉字写俗语有字形分歧之病，可是用了拼音字要是依然有人写byeneou，有人写bieniu，有人写mhahu，有人写maxu，又一律个什么？

【主】你就是故意捣乱。国语罗马字和中国字拉丁化是两种拼音法式。将来改用拼音字，或是用这种，或是用那种，或是另外制定第三种，总之只能有一种，绝没有几种法式同时并用的道理。至于“别扭”和“鳖扭”，“麻胡”和“马虎”，你能说我的不是汉字，我能说你的不是汉字吗？

除了传写俗语，还有传写方言。咱们提倡国语，可不是要消灭方言，方言是消灭不了的；无非是说，一个人除本地方言外还得学着说和写国语，用来代替以前的文言。有方言就可以有方言文学，而且就是在国语文学里，有时候也需要插进或多或少的方言，才可以增加文学的真实性。这种例子在现代外国文学多极了。这里有一本英文小说选，我前天在地摊上拣来的，随处翻开都找得着。你看，这是英国约克夏人的说话：

Nay，that's got nobbut one better half，and that's me.

这是美国黑人的说话：

Ef you do I's gwine find out' bout it.

这是美国原来说德文的移民的说话：

Vell，I vas positiff，becawss I can see de whole ling.

这是英国人学大陆上的人说话：

You onlee say that because you lak mine bettaire. Is not that so, darrling?

这不用拼音字能办得到吗?

【客】方言也还是可以用汉字写的啊。吴语的和粤语的弹词、小曲、剧本、小说，都是用汉字写的，新文学家如李劼人、沙汀的四川话小说，刘半农的江阴话民歌，徐志摩的硖石话诗，也都是用汉字写的，又何曾听说非用拼音字不可?像《金瓶梅》《醒世姻缘》《海上花》这些小说，要是用拼音字写了，请问能不能还有这么多人欣赏?

【主】用汉字写方言的缺点有三。第一，会造出许多奇奇怪怪的汉字来，使认识汉字的人还是读不出，粤语里这种字最多，如“乜”“冇”之类。其次，只有吴语、粤语等和国语相去颇远的方言写出来才显，像山东话、四川话之类用的词语和国语大多相同，写出来不容易显出地方色彩。最后也是最重要的一点，无论哪一种方言，一用汉字写了，大家都会用自己的方音去读，全然不是那么一回事。你想想看，用广东音读《海上花》或是用上海音读《红楼梦》，你要笑得肚子疼不?譬如:“我是无拨工夫去个哉，耐去阿好?”自然是比“我是没有工夫去的了，你去好不好?”能传达地方色彩——这是刘半农在《海上花》序里举的例。可是要依照北平话说成:

wǒ shì wú bō gōng fu qù ge zāi，nài qù ɑ hǎo?

成句什么话？要是当时不写汉字，写成：

Ngou s mbeq gongfu chi geq tzé，né chi aq hae?

就是不会说吴语的人也就能念得大致不差了。这点浅近的道理刘半农、徐志摩他们哪里会不知道，无非在汉字统治之下不得已而写汉字罢了。一旦改用拼音字之后，用方言做诗编戏写小说的人一定会多起来，并且那里边还真有好诗好戏好小说。

【客】你的要求太过分。我看汉字也就很可以对付。

【主】对付，对付，艺术是可以“对付”得的，还有什么话说。——好，你要讲对付，我就拿两个极小极小的小玩意儿来请你对付一下：

Mmméiyǒu（“没有”，迟疑而后说出）。

y-ǒ-u-de sh（“有的是”，“有”字慢慢说）。

多写两个“没”字和“有”字吗？那就变成口吃了。其余如ng，mm，hng这些叹词，平常写成“嗯”“呒”、“哼”，也都大失真相。

【客】这些芝麻绿豆大的问题我懒得跟你辩，且接着你的大题目讨论下去。你说用汉字就不能写真正的语体文。你这也叫作知其一不知其二。你可知道语体文也有许多种，有可以接近应该接近口语的，也有不必接近无从接近口语的。前一种固然可以用拼音字，后一种要是改用拼音字可就糟透了。譬如现在报纸杂志上的论文以及一般非文艺的书刊，有用语体的，而且也有连你老兄也得承认是写得很流畅的，可是一改拼音字就谁也看不懂了。你知道这是什么缘故？这是因为咱们的口语里的词汇太贫乏了。小说戏剧所以能比较地接近口语，就是因为口语能供给作者所需要的词语，只要嘴皮子薄，谁都能写个小说什么的。可是文章的内容一离开吃喝睡撒，牵涉到“文化”“思想”等，口语里没有那些个字眼儿，你叫写文章的人怎么办？他要不用些口语里没有的词语，他的文章就写不下去，这些词语不从汉字取材从哪里取材？这绝不是写文章的人拆烂污，实在是口语不争气。咱们只该叫口语赶上语体文，可是你反而要语体文去迁就口语，这怎么成！唯其如此，正可以证明现在此刻汉字绝对不能废，废了汉字咱们就除了吃喝睡撒什么文章都写不成了。

【主】你这番话很有理由，不像刚才说的那些话的强辩。但是要依你的说法，等口语的词汇丰富起来再采用拼音字，那就叫作“俟河之清，人寿几何？”而且要叫口语赶上现在这种语体文，那是一辈子也赶不上，因为汉字跟文言结下了不解之缘，可是口语绝对跟文言亲近不来——要是它们能拉到一块儿，当初也不会分家了。中国的口语因为一向只供日常生活应用，一切高深细密的思想都仰仗文言，词汇贫乏点儿是有之——可是也不至于像你说的只有吃喝睡撒四件事。咱们现在要扩大这个词汇才够应用，所以要添造许多词语。要是这些新词新语只能出现在纸面上，不能融化到口语里去，咱们的目的还只是达到一半，“文”和“语”当中还是有一道鸿沟。可是只要还在用汉字，这一道鸿沟就永远填不平。第一，写文章的人有文言词儿可用就不去发掘口语里的词儿，譬如写惯了“怂恿”就不想到口语里有“撺掇”，写惯了“症结”就忘了口语里说“病根”。有许多文言词语不该生吞活剥地接受过来的，因为写的是汉字，就忘了说和听的便利，例如不写“薪水和津贴”写“薪津”，不写“整理军队”而写“整军”，甚焉者就“美婉”“巧慧”“仰望”“欣逢”什么都来了。

【客】你不忙说下去，我且问你，你写不写这种文章？

【主】写呀，怎么不写？这正可见汉字的诱惑力之大，也就是所以要反对。

【客】唉，天堂有路你不走，活该活该。你说下去吧。

【主】第二，咱们现在增加的词汇有一大半是所谓新名词，就是从外国传来的新的事物、新的思想的词语。这里头有许多是不必翻译的，我刚才已经说过。那些可以或是应该翻译的，因为用汉字翻译，只顾眼睛里看起来古雅，就忘了嘴里说起来生硬，只顾笔底下写起来简洁，就忘了耳朵里听起来含混，使口语里吸收起来非常困难。不错，因为这些新事物、新思想已经深深地透进咱们的生活，所以虽然生硬，虽然含混，咱们口语里还是接受了大量的新名词。可要是当初不像你老兄说的从汉“字”取材而从汉“语”取材，译一个词语，顾到说起来拗口不拗口，容易混淆不容易混淆，尤其重要的，顾到这个词语里头是否至少有一个成分是还活在口语里头，这些新名词融化在口语里一定更快，更多，更牢固。譬如说，假如不翻“舆论”翻“公论”，不翻“货币”翻“钱币”，现在听得懂和说得出这些词儿的人一定更多。

第三，汉字是拿单字做单位的，复音词的组织异常自由。悲痛，悲伤，哀痛；差别，差异，殊异；郁闷，抑郁，忧郁；记叙，叙述，记述，叙写，写述——这种情形多极了。要叫口语接受，接受哪一个好呢？还是全都接受呢？

用汉字写语体文，在三十年前刚刚提倡语体文的时候是一种不得已的妥协，并且不失为因势利导，减少反对的力量。这个妥协的、糊弄的局面应该有一个结束，因势利导应该导到一个地方去，不能尽着往死胡同里钻。为了促进口语词汇的扩大，为了保证笔语词汇和口语词汇的合流，换句话说，为了语体文的正当发展，为了把它从文言的黑影里解放出来，非用拼音字不可。

【客】乍一改过来的时候，现在写文章的人都只能搁笔了？

【主】没有的话。文言初改白话的时候，虽然也有一部分人跟着文言同归于尽，可是一般而论，写文章的人只见多起来。汉字的改革也会有同样的结果。初初改革的时候，自然要有点小困难。写文章的人不能信笔写去，得动动脑筋，尤其是得动动嘴，要选择，要扬弃，不得已的时候，也许要在一个词之后注上汉字，跟咱们现在在新名词之后注上外国字一样。从语体文的立场看，困难是早就在那里的。用汉字是躲避困难，掩饰困难，用拼音字是把困难暴露出来，努力克服它。是的，这对于写文章的人是一个考验，逼他用出他最大的力量，不让他依傍文言偷懒。要是他只会躲避，只会依傍，那也只能让他跟着那半生不熟的语体文同归于尽。或者索性退回去写文言文，和他的同志们去唱和，去叹息。

【客】你说话真厉害。你是一定考得过的了。承你指示我们这些老朽的出路，感谢之至！

【主】我个人考得过考不过没有关系。一个人不能为了自己的方便牺牲他所见到的真理。我考不过，我就不写文章，自然有比我们行的人出来把握这个更好的工具，写出更好的文章。

【客】你的话完了没有?

【主】我的话完了。要不要我把我的理由总结一下？我赞成拼音字，一、因为要中国文字容易学习；二、因为要中国文字能胜任现代的高速度的文化工作；三、因为要中国的语言文字更容易接受国际文化；四，因为要充实中国口语，解放中国语体文。现在该听你的了。

【客】累了吧，喝杯茶。你且少安毋躁，听我一一道来。我赞成汉字，反对拼音字，有五个理由——我不敢说五大理由，理由强大还是弱小，一凭足下裁断。

第一，拼音字有时间性，汉字是超时间的。这有两个后果：一、用汉字可以通古今之情；二、用拼音字变乱纷纭，遗患将来。拿第一点来说。咱们汉字往少里说也已经有了三四千年的历史。最早的甲骨、金文跟现在的字体相差太远，姑且不去说它。周秦之际是中国学术史上最光荣的时代，诸子百家著书立说，虽然已有二千多年，他们的书我们现在还是看得懂。再来看采用拼音字的民族，像英文才不过一千年的历史，不但古英文现代人已经一字不识，连十四世纪乔叟的作品都要有专门训练才读得下去。这完全是因为拼音字有一个内在的矛盾：

语音要变动，拼法要不要跟它变动？跟它变动，像前半期的英文，结果是后人看不懂前人的文字。不跟它变动，像后半期的英文，结果是拼法和语音分歧。不如汉字以不变应万变，虽然不冒充标音正确，倒还能聚古今读书人于一堂，使我辈还能沾溉一点古圣昔贤的遗泽。

【主】你这个话未免把问题看得太简单了。咱们这一辈人能够马马虎虎看一点古书，不尽是汉字的功劳，主要还是因为咱们从小就学习文言文的缘故。不必先秦诸子，就是唐宋以后的文章，你拿来给语体文出身的现代青年试试看，看他读起来比现代英国人读乔叟怎么样？大凡一种语言的变化有三个方面，一是语音，二是语法，三是词汇，后者又有两类，或是整个的古字死去，新字产生，或是一个字的古义死去，新义产生。汉字胜过拼音字的无非是能使语音的变化不生影响罢了，对于语法，对于字和字义的新陈代谢，又有什么控制作用呢？你提到乔叟，这儿有他的诗集，咱们随便找个例子：

And palmeres for to seken straunge strondes.

To ferne halwes，kowthe in sondry londes...

这两行诗不是现代人一看就懂的，可是里边只有seken，straunge，londes三个字是仅仅拼法变动，其余的字一方面有and，for，to，in这些字拼法跟现在的一样，另一方面有

palmeres，strondes，ferne，halwes，kowthe，sondry这些字或是整个已死，或是字义和现在有出入，都不仅仅是拼法问题。咱们不妨另拿两行来比较：

Whan that Aprille with his shoures soote

The droghte March has perced to the roote.

这里头没有死字和死义，虽然好几个字的拼法跟现在不同，除soote外都一望而知，所以现代人读起来并不太费事。

让咱们再在中国古书里找一个例子，是我在一篇文章里用过的，就是《孟子》里的“弃甲曳兵而走”。这不是怎么特别深奥的一句，可是分析起来，“而”字是个现代不用或不这样用的语法成分，“曳”字是个完全死了的古字，“兵”和“走”的古义都和现代的意义不同，“甲”字的现代意义（铁甲，装甲）也和古代的意义有出入，只有“弃”字还活在“放弃”“遗弃”这些词里头，虽然也已经不单独用。一个没有受过文言训练的现代青年是否能一看这句话就能完全地正确地了解？汉字是颗烟幕弹，使你乍一看好像两千多年前的文字和两千多年后的文字相同，其实相同的只是字形而已。（严格说，也只是汉以后的情形，汉以前字体不同，也跟拼音文字的古拼法有几分可以相比。）真正可以通古今之情的不是汉字本身，是因有汉字而产生的文言文。

【客】那么你承认汉字可以减少古今文字的隔阂至少到三分之一，不失为一优点？

【主】这个我承认，不过我认为汉字的这个优点必须和文言联合起来才相得益彰。要是咱们中国人必须普遍地学习文言，自然应该开头就学汉字，省得学习两套文字。否则就没有必要。

【客】可是拼音文字过了些时候就会发生拼法和读音不一致的毛病，这是你也承认了的。要是咱们改用拼音文字，几百年之后也变成和英文一样的凌乱，那又是何苦来多此一举？

【主】你不应该拿英文来做例子。英文拼法的凌乱有它的历史原因：一则它受了诺曼人带进来的法文拼法的影响，一种文字里边有了两种拼音系统；二则英文的拼法固定得较早，后来有过重大的语音变动，拼法却没有很大的改变，所以特别显得这样乱糟糟的。拼法固定较迟而又受外来影响不多的文字如德文，就比英文整齐得多。咱们不采用拼音文字则已，要是采用拼音文字，自然只准有一种拼音法式，而且要慎重制定一套最适用的法式。同时，我要提醒你一个事实：语音的变动虽说是一种自然的趋势，可是也和种种社会条件有关系，如交通、阶级制度等。尤其是普及教育，能大大地限制语音的变动。大家都会读书看报，都常常读书看报，大家的语音无形之中就受了拼法的拘束，不至于变动得太远。近代英文里有所谓“拼法读音”的现象，如bankrupt里的p，perfect里的c，原来都是不读音的。有声电影和无线电广播也很重要，它们维持一种语言的语音一致，而语音的变动，咱们知道，大多起源于地方性的变异。咱们提倡拼音字，最大的目的就是要用来普及教育，教育越普及，拼法和语音分歧的危险就越小。就让三五百年之后两者之间又有了相当的距离，咱们也不妨再来修正一次拼法。至于少数字的语音变动，更容易办。一个字的意义常常在那里变动，比了字音的变动快得多，一本好的字典时时在那里修改，把不通行的字和不通行的字义注明（这是指大字典说，小字典就简直抹去），把新生的字和新生的字义添上。为什么一个字的拼法不能让负责的国家学术机关斟酌需要在相当时期修正修正呢？

【客】少数字的拼法修改，读书的人可以靠字典来帮助，要是大批的修改起来，读书的人怎么办？

【主】这个问题也不难解决。要是那本旧拼法时代的书新拼法时代的一般人还爱读，就在重印的时候照改一下，好比现在咱们念的莎士比亚已经把四开本、对开本的拼法现代化了一样。要是只有少数人要去参考，揣摩一下旧拼法也不太难。这自然稍微有点不便，可是天下的事情没有有百利而无一弊的，拼音字优点很多，这一点小小的不便也不能顾及了。而且这比了第一次改用拼音字的时候处理汉字书籍的问题简单多了——关于这个待会儿再谈。现在请教你的第二个理由。

【客】我的第二个理由是：拼音字是地区性的，汉字是超地区的，因此汉字能帮助民族的团结，拼音字会助长方言的分裂。咱们中国人多地方大，各地有各地的方言。两千年来，汉民族虽然在政治上有时分裂，在文化上始终统一，全靠汉字来维系。要是当初用了拼音字，咱们中国也早就闹成欧洲拉丁文废除以后的分崩离析的局面了。就拿现在来说，一个北平人、一个上海人和一个广东人到了一处，要是各说各的方言，别说是三天，三年也说不到一块儿。可是不怕，只要面前有一支笔一张纸，就能上天下地无所不谈。这就是汉字的妙用。反过来看拼音字，既然拼音，自然只能拼一地之音——要是斟酌各地的语音，舍短取长，必然弄得四不象，哪个地方的人也学不好，第一次“国语”注音字母就是这样失败的。既然只能拼一地之音，就只有那个地方的人容易学会，对于别的地方的人就很不方便，和学汉字一样难，不如直截了当大家学汉字。要是给全国各地方言分别拼音，那么一国之内有了多少种文字，必定影响全国的统一。

【主】中华民族历史上的团结是否全靠汉字，我不是历史学者，不敢乱说。但是近代欧洲的分裂自有种种原因，如民族、宗教、交通等，你要把这个罪名一古脑儿加在拼音文字身上，未免有点冤哉枉也。即使中国的情形两样，汉字确实建立过团结的大功，现在让它功成身退，也没什么不可以。现在咱们的民族会不会闹到四分五裂，要看民族意识是否已经具有决定性的团结力，跟用不用拼音文字没有关系。至于你说的北平人、上海人、广东人到一处可以拿纸笔代唇舌，这正是一件不幸的事实，是我们正在努力要消灭它的。而且，请问全国人民之中又有百分之几是有能力笔谈的？

【客】这是教育没有普及的缘故，是暂时的现象。

【主】你的意思是要单纯靠汉字来普及教育？凡是对于这个问题稍稍留点心的人都知道这是几乎不可能的事情。退一万步说，就算有全国人都能笔谈的一天，仍然是大不幸的事情。因为可以用嘴说的地方还是要用笔写，是万分的不便。与其让汉字来统一，还不如让一种全国性的语言来统一。

【客】我也赞成统一国语的呀，可是在国语没有统一以前就不能不借重汉字，拼音字是万万要不得的，它一定妨害国语的统一——我这也是退一万步说，丢开汉字的其他优点不谈。

【主】跟你的意见相反，我认为助长方言的势力的是汉字不是拼音字，拼音字倒能促进国语的普及。这个话你觉得奇怪？一点也不奇怪。你知道汉字所以能通行全国是有一个条件的：让各个地方的人拿方音来读。要是全国只准有一种读音，那就更加不容易跟本地口语联系，学习起来更加困难。许多地方分别“读音”和“话音”，读音比较跟官话音相近，但还是不完全相同，而且都只有一部分字有这种分别，要是全部的字都有这种分别，就苦不堪言了。所以用方音读汉字是自然的趋势，现在各地小学里教的是“国语”，读的还是方音，可见这个趋势不容易打破。这不是汉字助长方言的势力，妨害国语的统一吗？要是改用拼音字，自然得按照拼法学习读音，国“文”和国“语”再也分不开，必得一块儿学习，岂不是国语更容易普及？

【客】不是有人主张各地拼各地的方言吗？不是你也赞成有方言文学吗？那还统一个什么国语？

【主】这两件事情不能混为一谈。拉丁化派主张顾全事实，把全国分成几个方言区，暂时各拼各的方言，等它互相融合产生一种全国性的语言。国语罗马字派以及一些对拼音法式没有成见的人，主张选定一个有力量的方言做国语，事实上都赞成用北平话，拿来推行全国。无论哪一派，都没有主张永远各地拼各地的方言的。至于国语之外，方言是否存在，是客观的事实，不是咱们能作得主的。既有方言，即使你不给它制定字母，也自然会有人拿国语字母加加减减去拼写，跟现在英文里的情形一样。总之，即使有方言拼音字，对于学习国语也有益无害，因为从方言拼音字里学会拉丁字母的音值（也许有几个字母要稍稍调整），又学会了拼音的原则，学习国语自然更加容易。譬如广东人读“科学”是fo hok，在用汉字的时代，要是没有人教给他，他怎么样也不会知道这两个字在北平话或一般北方话里怎么读。要是用了拼音字，无论写成国罗式的ke shyue或是拉丁化的ko xyo，他就都会读得出来了。

【客】我的第三个理由是汉字细密，拼音字粗疏。咱们中国文里同音的字太多了——你不是有一本国音常用字表吗？拿来我翻一翻。你看，“之”字音不分四声有六十个字，里边光是去声就有二十六个，“鱼”字音不分四声有六十八个字，里边光是阳平声就有二十八个。要是采用拼音字，请问如何分别？只有用汉字，清清楚楚，丝毫不乱。

【主】不错，汉字里头的同音字太多，这该是制定拼音法式时候最头疼的一个问题。可是我要先反问你一句：为什么咱们说话的时候没有同音字的问题？除了说到人名地名的时候有“弓长张”，“舞阳，跳舞的舞，阴阳的阳”的情形而外，平常说话里头可需要“什么什么的什么”这种说明不需要？既然说出来不至于误会，何以写下来就要误会呢？咱们知道，古代汉字的同音字并不多，后来语音变化，许多古代所有的语音分别都消灭了，同音字就增多起来。但是说话是人生不可须臾离的一件事情，同音的字多了说话很不方便，于是或是加添词尾，或是联合两三个字当一个字用，汉语渐渐由单音词走上复音词的路，这是语言上的代偿作用，正如生物的有代偿作用，像盲人的听觉和触觉就比普通人发达一样。以现在而论，汉字的“同音字”虽多，汉语的“同音词”并不多。就拿你刚才说的“之”字音的字来说，六十个字里头，现代语里用到的只有半数，里头当作单音词用的，阴平只有“织”和“掷”（限于掷骰子一义），阳平只有“直”和“值”，上声只有“纸”和“只”，去声只有“治”和“置”（限于置产业一义），这四对单音词一有上下文绝不会相混；其余“支、枝、肢、知、蜘、只、汁、脂、植、殖、职、质、侄、止、旨、指、志、至、稚、智、制、痔、秩”这些字都只用在复音词里头，“之”字只见于成语，更不成问题。“鱼”音字的问题更加简单，六十八个字里头只有二十六个字是现代语里用得着的，这里边“迂、榆、愉、愈、于、盂、余、娱、语、宇、羽、喻、裕、御、誉、欲、预、遇、狱、寓、育、域、芋”等字都只见于复音词或成语，只有阳平的“鱼”，上声的“雨”，去声的“玉”是单音词。像这种情形，只要词儿连写就都不成问题。拉丁化，国语罗马字，以及任何其他拼音法式，没有一个不主张词儿连写的；国罗并且主张拼出声调，更加保险。请问你还有两个什么理由？

【客】我的第四个理由是汉字简便，拼音字繁重。用汉字写文章，简单明了，用拼音字就啰嗦不堪。一页汉字书用拼音字来印非两页不可。这种浪费人力物力，我实在不敢赞同。

【主】想不到你会说出这种糊涂话。汉字何尝简便？要是真正简便，谁也不会赞成拼音字了。我懂得你的意思，你说的简便是说可以不照实际语言写，例如嘴里说“今儿个晚上”，笔底下却写“今晚”，嘴里说“大门外头”，笔底下却写“门外”，简便确是简便，可是这只是文言的简便，不是汉字的简便。现在语体文流于半生不熟，一半就是因为贪图这种简便。

【客】只要是简便就成，什么叫作生，什么叫作熟！

【主】要是拿字数少算简便，那么文言比用汉字写的语体文更简便，绕了这么个大圈子，又回到文言白话的问题上去了。刚才咱们讨论语体文的正当发展的时候，我的话已经说了不少，我想可以不用再说了。

【客】可是你别忘了你并没有把我说服。

【主】那是另一问题。你我现在讨论的是汉字本身和拼音字比较起来哪个简便的问题。一个字对一个字，拼音字比汉字简便，除非准许用汉字的时候大量地用简笔字。拼音字的一个音段最多不过六个字母，平均只是四个字母光景，汉字十几笔的很多，平均也总有八九笔。譬如“中、華、民、國”四个字在汉字里头不算繁的“中”字只有四笔，“民”字只有五笔，可是四个字加起来还是有三十笔。拼成国罗式的Jonghwamingwo只有十三个字母，拼成拉丁化式的Zhungxuaminguo只有十四个字母（一般说起来，拉丁化的拼法还比国罗式短些），你说是哪个简便，哪个繁重？

【客】你不能拿拼音字的一个字母来抵汉字的一笔呀。

【主】你也不要忘了拼音字是蚯蚓似的一笔连着写下去，汉字是一笔一笔的分开的呀。就让放宽点儿算，一个字母抵一笔半，不，抵两笔，也还是不会比汉字繁重的。其实咱们这种锱铢较量根本是不必的，用了拼音字就可以打字，用汉字只能手写（中文打字机的笨拙，不用再说），比较起来倒是哪一种节省人力？至于印刷起来汉字所占面积较小，这倒是事实，可是也不至于像你所说有一与二之比。再说，这是拿中文常用的五号字跟西文常用的印书字母比较，可是中文五号字有这种大小的字母的疏朗醒目吗？恐怕只有四号字的清晰程度才可以相比，那么所占的篇幅也就差不多了。用汉字，节省的不过是少许纸张，可是写起来多费许多时间，读起来多费许多目力，请问纸张宝贵还是时间和健康宝贵?

【客】我还有一个理由，这是你怎么样也驳不倒的。汉字美观，拼音字就不算丑陋，反正也谈不上好看。汉字的形体能引起咱们的美感，譬如“鸳鸯”“玫瑰”这些字，看起来多美，写成yuan yang和mei gui，多么索然寡味?而且用汉字，字字整齐，作诗作对，有一种整齐的美，拼音字绝对办不到。再要讲到书法，这是咱们中国独有的艺术，连洋人也佩服得了不得的，一改拼音字，不成问题要毁得干干净净。我不信你全身二百多根骨头里头就连一根雅骨也没有。

【主】你这个理由更加乏了。你的话分三点，让我一一答复。第一，文字的美完全是由联想而生。你看见“鸳鸯”二字觉得美，你看见“垃圾”二字还觉得美不觉得?看惯了“鸳鸯”觉得“鸳鸯”美，看惯了yuan yang也会觉得yuan yang美，无非是看见字形，联想到它的声音和意义，因而生出美感。一个不识字的人，他见了yuan yang不生美感，见了“鸳鸯”又何尝能生美感?要是只有汉字才能引起美感，那么西洋人是在文字上一点美感也得不着的了。

第二，对联这个玩意儿是要有文言才玩儿得起来的。诗，语体的也有，自然不是你所说的诗，你所说的诗，几言几句，整整齐齐，那也是要有文言才玩儿得起来的。这种诗和对，要是用语体来做，纵然写的是汉字也美不到哪儿去。

只有书法一项，确是一种艺术。但是这是要有写字的天分的人，再加上十年临池的功夫，才会有成就的，并不是会写汉字的人写出来的字都是艺术。现在的人没有闲功夫去练字，早已谈不到书法。时势不同，这一项艺术注定了要衰落，关拼音字什么事？西洋人用拼音字，早先也讲究书法，虽然不成为一种艺术，也还有优劣美丑可分，可是现在也不讲究这一套了，因为没有练习的功夫，因为有了打字机，一句话因为时势不同。要是就少数艺术天才而论，就是在拼音字通行之后，还是会有人高兴练习写汉字，当它一种和实用无关的纯粹艺术，或是转移方向去学画、学雕刻等。附带我还想到一点，关于印书的字体：现在通行的老宋体（其实是明朝后期才有的），实在丑得可以，倒是外国印书的a，b，c，d，有时候还倒真有很美的字体呢。

【客】洋迷，洋迷！其愚不可及也。照你看起来，拼音字是绝对的好，汉字是绝对的坏，中国非改用拼音字不可了？

【主】天下的东西就它本身说无所谓好坏，有批评的标准才有好坏可说。用这个标准，这样东西比那样好；换一个标准，也许是那样东西比这样好。文字是一种工具，批评它的好坏要拿它的用途做标准，要问拿来写哪一种文章。从我一路而来说的话，你应该已经明白我的看法。我的看法是汉字的优点和文言分不开，语体文的长处也必须用拼音字才能充分发挥。汉字配文言，拼音字配语体，这是天造地设的形势。事实上，中国会有“文言”这种文体，主要就是因为用的是汉字，我在一篇论文里讨论过。现在社会上文言和语体并行，这种局面是不会长久的，将来的胜败也是没有人怀疑的。但是要是用汉字写语体文，胜利来得慢，而且不完全。还有，这种文言语体并行的局面把大量的困难加在现代青年的身上，是整个社会的损失。促使这个局面早日了结是咱们的责任，改用拼音字是釜底抽薪，可以使这个局面快快了结。

【客】你且慢来“咱们”，我对于文言和语体的看法根本就跟你不一样。我认为为了接受四千年来的固有文化，做一个真正的中国人，必须学习文言。语体文的用处主要在于推行国民教育，使没有资格深造的人获得一种可以供他应用的文字（我说的资格是智力的，不是金钱的），对于有资格深造的人也不失为一个学习文言的阶梯。在文艺上，多一种文体就是拓宽一块园地，添植几株花草，也可以凑凑热闹。如此而已。我不能像你那样把语体文学当作《圣经》看待。

【主】图穷而匕首见，你把你的真正的主张捧出来了。你不是要保存汉字，你是要恢复文言，至少是恢复文言的主子地位。你的话里头的漏洞很多，譬如说要接受四千年的文化做真正的中国人必须学习文言，你可知道固有文化是不等待接受，只要你生活在那个社会里，那个社会的文化就会钻进你骨头眼儿里去的？你能否认那些种地的、打铁的、打仗的、造飞机场的人是真正中国人？你把中国人分成两种，一种人是只配使用一种次等的工具的，一种人是应该学习两种工具，一种在自己人里头用，一种用来跟另外那些人打交道。你认为语体文学是凑热闹的，不配做《圣经》看待，你可知道《圣经》恰恰是用语体文写的？像这种闭起眼睛来“认为”，我也优为之。我能模仿你的调子说：“我认为为了便于接受世界的文化，做一个现代的中国人，必须学习语体文。全国的人一律只学习语体文，可以使幸而有深造机会的人不必旷日持久去学习另一种文体，不幸而没有深造机会的人可以看得懂各色人的文章，不受别人的蒙蔽。在文艺上，拿语体文学来替代文言文学，等于把花园里盛时已过的枯花败叶拔了，种上些新鲜花草。”

【客】你这个话就没有漏洞？

【主】我早就声明是模仿你的调子，这里边自然有许多half truths——半真理。这个文言语体的问题本不在今天讨论的范围之内，我也不想跟你絮叨下去。我只打算指出一个明显的事实，再说几句不中听的题外之言。我要指出的事实是现在的年轻人，大概说，三十以下的，他们的阅读趋向：除了看报或是为了职业上的需要，他们很少跟文言接触。大学生和中学生，都只有在教室里被动地读一点文言，这当然是读不好的，不用说；教室之外，求知识，找感受，他们都只在语体的书刊里周旋。现在中学生不大看报，大率只看看标题，为什么？不但是因为报纸的内容沉闷，也因为大多数的记事还是用的文言，虽然是不太高明的文言。总之，咱们得坦白地承认，现在的一般青年已经几乎跟古书绝缘。

【客】对于现在的青年以及趋奉青年的人这种重语轻文的现象，我是只有惋惜。有心人应该起衰振敝，不应该推波助澜。

【主】现代的年轻人跟古书疏远，不但因为文字上有隔阂，也因为内容上有隔阂。古人的生活经验和他的生活经验，相同的固然不少，相异的可太多了，古代的作品绝不能像现代的作品那样和他“心心相印”。我承认古代文学里有一部分是能够并且值得让现代人欣赏的，但是必需除去文字上的障碍，要翻译一道——即使翻译的时候不免有点损失，还是非翻译不可。这是提倡语体文的时候早就应该做的一件事，一向误于认得汉字就读得古书的错觉，就耽搁下来了。

总之，一个时代有一个时代的需要，文学、文体、字体都得要适应这个时代要求。我刚才说过，文字是工具，批评工具的优劣要拿用途做标准。字体是如此，文体也是如此。在过去的中国社会里头，汉字和文言是很适用的一种工具。因为那种社会是，至少是它的理想是，由少数才能出众的贤人来管理人民大众的事情，这少数人既然才能出众，学习这种繁重的工具不至于太难，人民大众是可使由之不可使知之的，根本不必读书，文字的艰难或容易跟他不发生关系。同时，那个社会是相当固定的，几百年都没有大变化，古代的经验和后代的经验相差不远，博古就是通今，那么那种相当固定的汉字和文言倒是很合宜的工具。现在的时代不同了。大家的事情要大家来管理，大家都得读书看报写文章。同时，社会变动非常快，博古未必通今。尤其是现代各种事业没一样不要讲效率，处处要快，要能机械化。在这种社会里头，自然是用拼音字写语体文最合式。简单地说，汉字加文言，配合封建社会加官僚政治，拼音字加语体文配合工业化社会加民主政治——这是现代化的两个方面。中国正在从前一种社会往后一种社会转变，这是不可避免的，也是于民族生存有利的一种转变。倘若咱们要，并且咱们能挽狂澜于既倒，把中国拉回封建社会去，或者是世界的形势有改变的一天，重复走上封建社会和官僚政治的路——你相信会有这一天吗？——倘若有这个可能，我一定跟在你后头摇旗呐喊保存汉字并且提倡文言。要是咱们明白只有随着天然的趋势，好好地讲求如何适应的办法，那么我劝老兄把小弟的意见再平心静气地想想。这就是我要说的几句不中听的题外之言。

【客】你现在拉扯上工业化、民主化、现代化这些大帽子来压服我，我也没有法子跟你辩论下去。你我的出发点不同，三天三夜也说不到一块儿。我闲嘴饶闲舌，有一个问题姑妄问之：你对于一旦改用拼音字的过渡时期的困难考虑过没有？这种困难克服得了克服不了？

【主】你既姑妄问之，我也就姑妄答之。不过这种困难我形容起来绝不会有你形容起来动听，你且说说看。

【客】我问你，改用拼音字是缓进啊还是急进？要是暂时不废除汉字，只是逐渐推行拼音字，那就一定推行不开。因为社会上还在通用汉字，学了拼音字的人读不了书，看不了报，没有什么用处，学起来就不热心了。要是采取急进的办法，一下子就把汉字废掉，全国的报纸书刊都改用拼音字，又使已学汉字的人大大不便。据说中国只有百分之二十的人识字，有百分之八十的文盲。这百分之二十的数目虽不大，可是已经是三十年来费尽九牛二虎之力的成绩。现在这九千万识字的人，包括全国的知识分子、官吏、作家、记者等在内，一夜睡醒，忽然都变成文盲，而同时那三万六千万原来的文盲又有几个已经开了眼了呢？这是一。其次，就让短期间之内，无论已经认识汉字的或是没有认识汉字的，都学会了拼音字了，你又拿些什么书给他们读？那些古往今来汗牛充栋用汉字写的书又怎么办？是不是一概束之高阁，因为已经不合你所谓时代的需要？你刚才好像也提到这个来着，我倒要听听你的高见。

【主】你所说的缓进的办法是行不通的。可是你所说的急进的办法也未免过急，这自然是你为了立说的方便而设。一夜工夫就把全国的书报改用拼音字，请问那些写书编报的人以及排印书报的人从哪儿来？照我的瞎想，在定期改革之前得有个预备时期。这又可以分两个阶段：第一个阶段是研究和实验的时期，在这个时期之内制定一种最适用的拼音法式，编一本拼音字字典——或者应该编两本，一本小一点，只收口语里或至多是相当有知识的人的口语里通用的词语，里边不附汉字。一本大一点，包括许多现在只见于书面可是也还有希望通行到口语里去的词语，后头要附汉字；小字典的用处在教学，大字典的用处在参考，是带几分临时性，需要常常修订的。第二个阶段是造就推行人才的时期，凡是将来要教人识字的人，如各级学校里的教师，以及职务上要写文字发表的人，如作家、记者、官吏等，都得在这个时期学习拼音字，这个时期应该有少数拼音字书刊，供他们练习。到了实行改革的时期，也可以分两个阶段。第一个阶段是造就拼音字读者的时期，小学里完全改用拼音字，大学、中学要设补习班，同时举行大量的成人识字教育，为教育原来的文盲用，以及各种讲习会，为原来认得汉字的人用。这个时期的一切书报部可以或者只出拼音字版或者兼出汉字版，但是除特殊的文史研究刊物外不准只出汉字版。政府的公告在这个时期之内可以两种文字并列。这当然多费一点事，可是在通行两种或三种语言的地方，例如比利时的一部分，加拿大的一部分，以及印度、爪哇、新加坡等处，都有这种情形。那还是多种语言，咱们还不过是一种语言的两种写法，而且还是暂时的，不是永久的。到了第二个阶段，除了经过登记的研究刊物外，一切书报都不准再用汉字出版。各级学校除大学里研习语文的课程外，不得再用汉字教学。政府公告只用拼音字，各种任官的考试也都限用拼音字。大功就告成了。

还有你说的读物问题。为了供给拼音字的读物，应该设立一个编译馆。它的第一步工作是编印拼音字教本和补充读本，第二步工作是编译中小学的各学科的教本，这都是要在预备时期做了的。第三步是翻译急需的普通书籍，包括大学用书在内。我所说的译，不仅是把汉字改拼音字，是兼有普通意义的翻译的，因为一般的汉字语体书不是光拼音可以了事的。第四步是翻译古今文言书籍，当然也得有选择，有些书不是现代大多数人需要的可以不译。编译馆的工作不限于馆内的人员，要和作家和出版商合作，它本身只是一个调整的机关。尤其第三第四步的工作需要多方合作，不能草草从事。

【客】真是一个美丽的梦。美是美极了，可惜是个梦。雨也住了，漏也止了，咱们也该睡了。

【主】我相信有一天咱们能看见这个梦变成事实。

语言与文化

六　语言作为一种社会现象

语言是社会活动的产物

说话是人们的一种最普遍最经常的活动，可也是一种很神秘的活动。怎么这个人说话，那个人就懂，而另一个人就只听见一阵叽里呱啦，莫名其妙？怎么一句话能引起哄堂大笑，另一句话又会叫人生气或者发愁？按说这应该是人人感觉兴趣、要想了解其中奥妙的事情，然而一般人对语言确实是了解得不多。即使要想了解，也有点不得其门而入的样子。讲语言的书是有的，可是读者的反应是“枯燥！”“烦琐！”，除了应付考试，谁也不想看。有一位朋友有一天对我说：“你们语言学家写的书对我有用。”我说:“怎么有用？”他说：“我每晚上床之后抓起一本来看，看着看着就睡着了。”您看，够多损!

现在，我可以对他说：“你把陈原同志的新著拿去看吧，管保你睡不成！”

语言是什么？说是“工具”。什么工具？说是“人们交流思想的工具”。可是打开任何一本讲语言的书来看，都只看见“工具”，“人们”没有了。语音啊，语法啊，词汇啊，条分缕析，讲得挺多，可都讲的是这种工具的部件和结构，没有讲人们怎么使唤这种工具。一联系到人，情况就复杂了。说话（*以及写文章*）是一种社会活动，语言是社会活动的产物；社会是复杂的，因而语言也就不可能不是复杂的。不同民族的人说着不同的语言，不同地区的人说着不同的方言；这个民族、这个地区的人又往往会说那个民族、那个地区的话。一种语言，写下来的跟嘴里说的不完全一样；在某些地区，在某个时代，甚至是完全不一样。书面语里边有各种文体，口语里边也有不止一种风格。各个行业有自己的“行话”，“隔行如隔山”这句话不仅适用于业务，也部分地适用于语言。甚至年龄大小，男女性别，也会或多或少地反映在语言上。外国语言学界早些年流行过一种理论，说是由于语言内部的不一致，分析语言就不能拿“语言”做对象，也不能拿“方言”做对象，只能拿“个人语言”（idiolect）做对象。事实上，个人语言也不保证内部完全一致。以语言而论，大多数人都是“多面手”，都有一个或大或小的“语库”（repertoire），在不同场合，跟不同的人在一起，说不同的话；不但是用的字眼儿有所不同，句法也会有出入，甚至语音也会起变化，可以说是“随宜取用，不拘一格”。一个人的情况尚且如此，一个社会就更不用说了。总之，语言不是一种单纯的事物，语文课本里边的“语言”，语言学著作里边的“语言”，都是一种抽象，尽管它是必不可少的、用处极大的抽象。在现实的社会里，人们的语言活动以及作为这种活动的工具的语言，都是极其错综复杂的一大堆。研究这错综复杂一大堆的学问就叫作社会语言学。社会语言学不否定传统的语言学——“传统的”在这里指社会语言学正式挂牌子以前的语言学——但是认为这样的研究不够全面，并且预言，随着研究范围的扩大，它的种种理论，语音的、语法的，乃至语义的理论，都将得到一定程度的改造。

回溯语言学的历史，它最初是为读古书和学作文服务的。到了十九世纪中，历史比较语言学兴起，才摆脱狭隘的实用目的，以寻求语言发展的规律相号召，这可以说是一次大解放。但是语言学仍然被视为历史科学的一支。到了二十世纪初年，以索绪尔为代表，提倡为语言本身而研究语言，这是语言学的第二次解放。半个多世纪以来，虽然陆续形成许多学派，但目的仍然只是一个，就是以语言本身为研究对象，以探讨语言内部的规律性为唯一任务。直到五十年代，尤其是六十年代，才有一部分学者不愿意以此为满足，要求把语言作为一种社会现象来研究，这可以说是语言学的又一次解放。中国的语言学旧时称为“小学”，是经学的附庸，其情形与西方颇为相似。西方的语言学传入中国，还不满一百年，还在吸收消化之中，开花结果还有所待。

十九世纪以前的语言学以实用为目的，但是这方面的成就并不显著。一个半世纪以来，语言学不以实用为直接目的，它的成果却很有益于实用（例如在语言教学上）。这里边好像很有点辩证法的味道。现在研究的范围更广大了，研究工作者的视野更宽阔了，研究的方法也更细密更多样化了，可以预期有更丰富的收获。

洋泾浜和克里奥尔

陈原同志的书里谈到“洋泾浜英语”。这是随着旧时代的消逝而消逝的旧事物，现代的人大概都只知道有这么一个名目，不知道实际是个什么样子了。我对于这东西也没有亲身的经验。倒不是“余生也晚”，而是有幸没有出生在那个畸形的社会层，因而没有接触到它的可能。我第一次遇到它是很偶然的，是在抗战时期的昆明，从朋友那里间接听来的。有一家从上海逃到内地的人家，带来一位保姆（上海话叫“娘姨”），一年半载之后宾东失和，女主人把她辞退了。她说：“Fashion come，fashion go”，翻译过来是“怎么来的怎么去”，意思是“你得给我回上海的路费”。（保姆跟女主人当然都是说上海话的，这会儿忽然来一句洋泾浜，其情形正如同文人学士说话中间引用古书，这该也是社会语言学里的事例吧。）

早几年，在我被强迫赋闲的日子里，有时候走进旧书店里去看看，偶然看见一本题为*Pidgin-English Sing-Song*的书，是1867年伦敦一家书店印的。现在从里边抄一首最最短的歪诗，以补陈原同志书里边所举零碎例子之不足。

The Rat

One-time one piccee lat
Pull hard to catchee nail,
And talkee when he come:
"Look-see what largly tail!
But no my gettee out
This ting no good-no how!
One piecee oloiron
No blongey good chow-chow."
Supposey man lose tim

'Bout one long foolotale,
He take you in–P′ho!
It all–same lat an′nail.
（有一回有个耗子
使劲儿拔颗钉子，
钉子出来了，耗子说：
“你看，多大的个尾巴！
可是我弄出来这个东西
一点儿用处也没有！
一块烂铁罢了，
真没什么吃头儿！”
一个人要是浪费工夫
听人家闲扯淡，
那就上了个大当，
像耗子拔了颗钉子。）

“洋泾浜英语”是一度在香港、广州、上海等地流行的Pidgin–English，如果我们把“洋泾浜”作为pidgin的译语，那么在地球上许多地方还有（或曾经有过）别种“洋泾浜”英语。下面是太平洋中所罗门群岛的“洋泾浜”英语的例子。

Mifele i–go go long salwater，lookoutim fish，now win i–kem.

Now mi-fele i-go alabout long kino，now bigfele win i-kem now，mifele i-fafasi alaboute，rong turnes.

（我们在海上航行捕鱼，风来了。我们坐的是小划子，刮起了大风，我们被刮得团团转，漂流得很快。）

不难看出，这一种“洋泾浜”英语，跟上海等地的“洋泾浜”英语面貌不同。

“洋泾浜”英语之外，还有“洋泾浜”法语，“洋泾浜”葡萄牙语。所有这些“洋泾浜”语言都散布在那些殖民主义者商船经常来往的航道上。

“洋泾浜”语言之外，还有所谓“克里奥尔”（creole）语言，这是“洋泾浜”语言的进一步发展。二者的分别是，“洋泾浜”是没有人把它当作母语的混杂语，“克里奥尔”是有人把它当作母语的混杂语，说这种话的多数是殖民主义者的后裔，尤其是混血儿，但也有土著人。这种语言不但是他们从小学会的话，并且往往是他们所能说的唯一的话。下面是苏里南（荷属圭亚那）沿海地区通行的、名为斯拉南语（Sranan）的“克里奥尔”英语（里边夹杂着少数从荷兰语来的字眼）的样品：

Ala den bigibigi man de na balcon e wakti en. A kon nanga en buku na ondro en anu. A puru en ati na en ede，en a meki kosi gi den. Dan a waka go na a djari，pe den gansi de.

（所有要人都在阳台上等着他。他来了，胳膊底下夹着一本书。他向他们脱帽鞠躬。然后他走向园地，那儿有鹅群。）

语言的神秘主义

陈原同志的书里谈到语言拜物教，从民间迷信讲到现代迷信，寓开导于谐趣之中，发人深省。我也想在这里补充一些事例。陈原同志引了贴在马路旁边电灯杆上的遣送“夜哭”的揭帖，我在家乡也曾经见过，并且除遣送“夜哭”的以外还有遣送“夜尿”的，词句大体相同：

天皇皇，地皇皇，

我家有个射（za）尿（xu）郎。

过路君子念一遍，

小儿病去得安康。

野蛮人相信语言有神秘力量，是不难理解的。一个人说一声“集合！”，一群人就站成一排；那个人说“立正！”“向右转！”“齐步走！”每说一声，那群人就做出一种动作。让一个“原始”时代的人第一次看到这个场面，怎么能不以为这一串串声音具有不可抗拒的神力呢？一切祝福（例如“万岁！万岁！万万岁！”），一切诅咒（例如“杀千刀！”），当初所以产生，根子都在于相信语言能在客观世界引起某种变化，尽管后来变成了一种形式。

在一切祝福和诅咒中，名字是关键。一个人的名字跟他的人身或灵魂是神秘地连在一起的，一定要小心保护。《封神演义》第三十六回，黄飞虎说：张桂芳这个人“与人会战必先通名报姓。如末将叫黄某，正战之间他就叫‘黄飞虎不下马更待何时’，末将自然下马。”第三十七回，姜子牙辞别元始天尊下山，元始天尊说：“此一去，但凡有叫你的，不可应他。若是应他，有三十六路征伐你。”姜子牙行在路上，申公豹在后面叫他，起先不应，后来应了。果然如元始天尊之言，引来了三十六路征伐。

因此名字要避讳，皇帝的名字不能叫，祖宗、长辈的名字不能叫。在后世，认为这是礼貌；在远古，这是有保护作用的。“史讳”在中国古籍校勘中是小小的一门学问；“讳名”的风俗在史籍中也留下许多有名的故事。最有名的该是“只许州官放火，不许百姓点灯”吧——不知道这个典故的人总以为是“放火”喻其大，“点灯”喻其小，仿佛是一般的形容特权罢了，不知道这里头有个故事：宋朝有个知州（一个不大不小的领导）姓田名登，因此他不许老百姓说“点灯”，叫他们改说“放火”，老百姓编出这两句话来讥笑他。

因为“名”要讳，所以“名”之外有“字”。“名”是正牌货色，不好随便动用，“字”是副牌，用来方便流通（正好像真古董不拿出去展览，用复制品代替）。出于同一根源而表现为相反的形式的是给小孩儿起个下贱的名字。宋人笔记里有一则，说欧阳修家里有一个孩子名叫“僧哥”，有一个和尚问欧阳修：“您不信佛，干吗起这么个名字？”欧阳修说：“为的是让他容易养活呀，就像有的人家的孩子叫‘狗’、叫‘羊’一样。”欧阳修的话恐怕只有一半对，叫“狗”、叫“羊”是取其贱，叫“僧哥”很可能是冒充出家人，用以欺骗凶神恶煞。我们家乡从前就很有些人叫“和尚”的，叫“狗”的，我的本家长辈中就有一位叫“狗爷爷”，我们这些小孩子觉得非常可笑，“狗”跟“爷爷”怎么连得上呢！

文字是语言的化身，可又似乎“青出于蓝”，要不怎么仓颉造字而鬼夜哭呢？纸篓子上面贴“敬惜字纸”，我见过；画一道符吞下去治病，我也见过。

陈原同志也谈到“塔布”（忌讳）和委婉语。在现代人的意识中，忌讳是因为“言之不雅”，但历史地说，“塔布”跟语言拜物教是一个来源，都是源于对自然界的不理解，“不理解自然导致了恐惧，恐惧产生了迷信”（陈书37页）。超自然的神力，表现在外界的是水、火、风、雷，表现在人生的是生、老、病、死。特别是两性相交、产生新的生命这件事引起极大的神秘感，因而两性关系成为拜物教的对象，并且中外古今一直是“塔布”的顽固堡垒。性器官、性行为是不能“直呼其名”的，与此有关的月经、怀孕之类也是说不得的。又由此而扩展到身体的邻近部分如臀部和肛门，以及有关的动作如排泄内脏里边的废物，包括气体。

由“塔布”引起的语言现象，除替代法（委婉语）外还有歇后法，例如“他妈的！”《儿女英雄传》第四十回有一个绝妙的例子。安骥由乌里雅苏台参赞大臣升授内阁学士，简放山东学台，要进宫谢恩。珍姑娘给他准备服装，“说：‘这褂子上钉的可是狮子补子，这不是武二品吗？爷这一转文，按着文官的二品补子，别该是锦鸡……’舅太太听到这里，连忙就说：‘是锦鸡，不错的。好孩子，你可千万的别商量了。’不想舅太太只管这等横拦竖挡的说着，她一积伶，到底把底下那个字儿商量出来了。及至说出口来，她才‘哟’了一声，把小脸儿涨了个漆紫。……这个当儿幸得张亲家太太问了一句……又惹得大家一笑，才把珍姑娘这句玉兔金、金丝哈的笑话儿给裹抹过去了”。——这里的“玉兔金”后边隐藏一个字，“金丝哈”后边也隐藏一个字，这两个字连在一起是“塔布”的。（“金丝哈巴”是一种狗。）

跟这个相反的例子见于《红楼梦》第二十八回。贾宝玉、薛蟠、蒋玉菡、云儿等人在冯紫英家喝酒行酒令，“要说‘悲、愁、喜、乐’四个字，却要说出‘女儿’来，还要注明这四个字的原故……”。轮到薛蟠，他说的前三句是：“女儿悲，嫁个男人是乌龟；女儿愁，绣房钻出个大马猴；女儿喜，洞房花烛慵朝起”，末了一句来了个“女儿乐，一根××往里戳”，引得众人都说“该死！该死！”这位薛大哥，他是不管什么“塔布”不“塔布”的。

［补记］下面这一条见于《搜神后记》卷七（中华书局标点本49页）：宋元嘉初，富阳人姓王……未至家二三里，闻笼中倅倅动。转头顾视，见向材头变成一物，人面猴身，一身一足。语王曰：“我性嗜蟹，比日实入水破君蟹断，入断食蟹。相负已尔，望君见恕，开笼出我。我是山神，当相佑助，并令断得大蟹。”……王回顾不应。物曰：“君何姓名，我欲知之。”频问不已，王遂不答。去家转近，物曰：“既不放我，又不告我姓名，当复何计，但应就死耳。”王至家炽火焚之，后寂然无复声。土俗谓之山獠，云知人姓名则能中伤人。所以勤勤问王，欲害人自免。

七　人名与佛教

一种语言的历史和使用这种语言的人民的历史分不开，尤其是词汇的历史最能反映人们生活和思想的变化。词汇不仅指一般用词，也包括专名。例如地名能反映居民迁徙的经过，街巷名能反映过去的工商业活动，人名能反映人们的意识形态，其中包括生活理想，道德准则以及宗教信仰。佛教在中国流行近两千年，南北朝是它已臻强盛而尚未丧失活力的时期，单从当时人的命名用字上也可以看出它的影响是多么广泛而深入。

赵翼《廿二史札记》卷十五有“元魏时人多以神将为名”一条，说：

> 北朝时人多有以神将为名者。魏北地王世子名钟葵。元叉本名夜叉，其弟罗本名罗刹。孝文时又有奄人高菩萨。尔朱荣子，一名叉罗，一名文殊。梁萧渊藻小名迦叶。隋时汉王谅反，其将有乔钟葵。隋末有贼帅宋金刚。唐武后时，岭南讨击使上二阁儿，一曰金刚，一曰力士，即高力士也。

这里提到的名字，除钟葵外，都与佛教有关系，与佛教有关系的名字也远远不止这几个。而且不限于北朝，江南也有相同的风气，赵氏提到的萧渊藻就是南方人。

下面将列举从晋朝到隋朝的与佛教有关的一些人名，题目为简便起见只标南北朝（晋朝和隋朝实际上也各有一半处于南北分裂阶段）。所引人名主要是见于正史的纪传的。

（1）瞿昙　《南齐书》卷二十六陈显达传：“当世快牛称陈世子青、王三郎乌、吕文显折角、江瞿昙白鼻。”江瞿昙又附见卷五十六吕文度传。案：瞿昙是Gautama的译音，是释迦牟尼的姓，玄奘《西域记》里改译为乔答摩。

（2）悉达　宋南郡王刘义宣有个儿子叫悉达（《宋书》卷六十八），陈有鲁悉达（《陈书》卷十三），魏有吴悉达（《北史》卷八十四），北齐陆令萱有个兄弟叫悉达（《北齐书》卷三十九祖珽传）。案：悉达义为“成就”，又作悉达多，是释迦牟尼的名字。玄奘在《西域记》里说：“萨婆曷刺他悉陀，唐言一切义成，旧云悉达，讹也。”萨婆曷刺他悉陀是Sarvārtha-Siddha的译音。

（3）菩提　北凉沮渠蒙逊有个儿子叫菩提（《宋书》卷九十八），魏尔朱荣的大儿子叫菩提（《魏书》卷七十四），周宇文洛生也有一个儿子叫菩提（《周书》卷十，案：即宇文护的母亲阎氏给宇文护的信里所说“汝叔母纥干及儿菩提”）。案：菩提是梵文bodhi的译音，旧译为“道”，唐以后译为“觉”。又，释迦牟尼十大弟子中有一个叫须菩提

Subhūti，译义是“善现”。上述诸人用菩提做名字，也很可能是取须菩提之名而略去首字。

（4）菩萨　魏阳平王世遵的弟弟叫菩萨（《魏书》卷十六），孝文帝的时候有个太监叫高菩萨（又卷十三孝文幽后传，卷九十四剧鹏传作薛菩萨；《北史》也跟《魏书》一样，两处的姓不同），万俟丑奴手下有个将官叫尉迟菩萨（又卷七十五尔朱天光传），北齐娄昭字菩萨（《北齐书》卷十五），周宇文导字菩萨（《周书》卷十）。又宇文护字萨保（《周书》卷十一），是菩萨保佑的意思，跟魏收字佛助属于同类构造。案菩萨是佛教中次于佛的得道者的名称，全音是菩提萨埵bodhisattva，菩提的意思是“觉”，萨埵旧译为“众生”，玄奘改译为“有情”。

（5）罗汉　宋有王罗汉（《宋书》卷七十七柳元景传，又卷九十五索虏传），梁有黄罗汉（《北齐书》卷三十二王琳传），魏杨津字罗汉（《魏书》卷五十八），又有吕罗汉（又卷五十一），薛罗汉（又卷六十一薛安都传）。案：罗汉全音是阿罗汉arhan（或arhat），有“杀贼”（贼指妨害修行的东西）、“无生”、“应供”等不同释义，是小乘佛教修行的最高成果。

（6）弥陀　魏高阳王雍有个儿子叫弥陀（《魏书》卷

二十一上）。案：弥陀的全音是阿弥陀amita，意思是“无量”。用作佛的名号，全称或为“无量寿”（Amitāyus），或为“无量光”（Amitabha）。

（7）文殊、师利　南齐有王文殊（《南齐书》卷五十五），梁王训小字文殊（《南史》卷二十二），魏尔朱荣第三个儿子叫文殊（《魏书》卷七十四），北齐有刘文殊（《北齐书》卷十三清河王岳传），隋杨异字文殊（《隋书》卷四十六）。陈宣帝陈顼小字师利（《陈书》卷五）。案：文殊师利Mañjuśri，简称文殊，是佛教有名的菩萨。玄奘在《西域记》里说：“曼殊室利，唐言妙吉祥。旧曰濡首，又曰文殊师利，或言曼殊尸利，译曰妙德，讹也。”

（8）普贤　魏有毛普贤（《魏书》卷五十八杨津传），北齐韩贤字普贤（《北齐书》卷十九）。案：普贤是和文殊齐名的菩萨，文殊是译音，普贤是译义。普贤的原名是邲输跋陀Viśvabhadra，一说是三曼跋陀Samantabhadra.

（9）药王　陈废帝伯宗小字药王（《陈书》卷四），隋有李药王（《隋书》卷五十二韩擒虎传）。案：药王也是佛教的一位菩萨，梵名是鞞杀社罗惹Bhaiṣajya-rāja，一说是阿迦云（《翻译名义集》）。

（10）罗侯、罗云　魏江阳王继有个兄弟叫罗侯（《魏书》卷十六），贾显智有个儿子叫罗侯（又卷八十贾显度传），陈有武将周罗睺，后来投降隋（《隋书》卷六十五），隋又有武将慕容罗侯（《大唐起居注》）。南齐王思远的父亲叫罗云（《南齐书》卷四十三），隋阴寿字罗云（《隋书》卷三十九）。案：罗侯（睺）和罗云都是Rahula的译音，本义指日食、月食时的黑影，这里的意思是“执日”，是释迦的儿子的名字。玄奘《西域记》里译为罗怙罗，“旧曰罗睺罗，又曰罗云，皆讹略也”。

（11）迦叶　梁萧渊藻小名迦叶（《梁书》卷二十三），北齐有崔迦叶（《北齐书》卷二十三崔㥄传）。案：迦叶是释迦牟尼的大弟子，全称是摩诃迦叶波Mahākaśyapa，摩诃是“大”的意思。迦叶波是姓，译义为“龟”，一说为“饮光”。

（12）目连　宋有崔目连（《宋书》卷七十七沈庆之传）。案：目连也是释迦牟尼的大弟子，全音是目犍连，《西域记》作没特迦罗子，原名是Maudgalyāyana。玄应《一切经音义》说：“没特迦，此云绿豆；罗，此云执取。”

（13）须拔　北齐高叡小名须拔（《北齐书》卷十三），隋末有农民起义领袖王须拔（《隋书》卷四）。案：释迦牟尼弟子有须跋陀罗Subhadra，译义是“善贤”，须拔大概是须跋陀罗的省略。

（14）须陀　隋有武将张须陀（《隋书》卷七十一）。案：须陀为神仙所饮的甘露sudhā，也译作苏陀。

（15）须达　北齐独孤永业的儿子叫须达（《北齐书》卷四十一）。案：须达又作须达多、苏达多，是Sudatta的译音，译义是“善施”，又称“给孤独”。释迦牟尼在世时，舍卫国有一个富人须达多，买下太子祇多的园子供释迦说法传教，佛经里常常说到这个“给孤独园”。

（16）难陀　北齐贺拔允的儿子叫难陀（《北齐书》卷十九）。案：难陀Nanda译义为“善欢喜”。佛教人名有两个难陀。一个是“放牛”难陀，本是放牛人，后来信从释迦牟尼出家。一个是释迦牟尼的兄弟，后来也出家为释迦牟尼弟子，称“孙陀罗”难陀，孙陀罗原义为“美”。又，佛教神话里摩揭陀国有兄弟二龙王，一名难陀，一名跋难陀。贺拔难陀的命名不知道是取佛弟子的名字还是取龙王的名字。

（17）耶输　北齐李继伯的儿子叫耶输（《北齐书》卷三十七魏收传）。案：耶输陀罗Yaśodharā是释迦未出家时的妻子，即罗睺罗的母亲。耶输同耶舍，义为“名誉”。

（18）舍利　北齐后主的后穆氏小名舍利（《北齐书》卷九）。案：释迦的大弟子里有一个舍利弗多罗Śāriputra，佛经里简作舍利弗，他的母亲叫舍利，弗多罗是“儿子”的意思。

舍利是鸟名，译为鹙鹭，一说就是黄莺。

（19）槃陀　隋有绛郡起义农民领袖敬槃陀（《隋书》卷六十三樊子盖传）。案：槃陀的全音是槃陀迦Panthaka，译义是“路边生”，是罗汉的名字。佛教神话故事里说有弟兄二人都叫槃陀，后来都修成罗汉，神通广大，哥哥有隐身法，兄弟能变形。

（20）薄居罗、居罗、俱罗　周尉迟迥字薄居罗（《周书》卷二十一），魏高阳王雍有个儿子叫居罗（《魏书》卷二十一上），隋有徐俱罗（《隋书》卷五十六薛胄传）、鱼俱罗（《隋书》卷六十四）。案：薄居罗一作薄拘罗Vakula，译义是“善容”，是罗汉的名字，这个罗汉以康强长寿闻名。居罗、俱罗是省去首字，但俱罗也可能是俱毗罗之略，见下。

（21）毗罗　周尉迟迥手下的将领有席毗罗（《隋书》卷六十于仲文传）。案：佛教神话里四天王中北方天王毗沙门又名俱毗罗Kubera，可能是省去首字为毗罗。

（22）勒叉　魏高阳王雍有个儿子叫勒叉（《魏书》卷二十一上），北齐有太监卢勒叉（《北齐书》卷五十）。案：四天王中南方天王毗流离又名毗留勒叉Virulakṣa。

（23）提婆　北齐有穆提婆（《北齐书》卷五十）。案：提婆deva译义为“天”，佛教用来称婆罗门教的诸神。印度古代人往往在名字里搭用“天”字，如释迦的弟子里有提婆达多，译为“天授”，又小乘佛教大众部创造者名摩诃提婆，译为“大天”。穆提婆的名字可能是截取这类人名的半截，未必是单取“天”义。

（24）修罗　周高宝宁部下有赵修罗（《隋书》卷三十九阴寿传）。案：修罗的全音是阿修罗asura，阿义为“非”，修罗义为“天”，即“神”。旧译“无端正”，后改译“非天”。阿修罗也皈依佛教，佛经常有“一切天、人、阿修罗……”后世乃用来称一类恶神。

（25）夜叉　魏元叉本名夜叉（《魏书》卷十六）。案：夜叉又作药叉yakṣa，本非恶神，佛经中认为也皈依佛教。后世乃专指一类恶神。

（26）罗刹　魏元叉的兄弟元罗本名罗刹（《魏书》卷十六）。案：罗刹的全音是啰刹娑rākṣasa，译义是“恶鬼”。佛经中认为罗刹亦皈依佛教。

（27）伽陀　隋有方士安伽陀（《隋书》卷三十七李浑传）。案：佛经说有一种能治百病的药叫阿伽陀agada，译义是“普去”，一说是“无病”，又一说是“无价”。这个人是方士，用伽陀做名字，当是取阿伽陀而省去首字。

（28）沙罗　隋苏孝慈有个侄子叫沙罗（《隋书》卷四十

六）。案：沙罗即娑罗sāla，是一种树。相传释迦牟尼在娑罗树下圆寂。

（29）摩诃、摩诃衍　陈有萧摩诃（《陈书》卷三十一）。隋崔弘度字摩诃衍（《隋书》卷七十四）。案：摩诃mahā是“大”的意思。释迦的弟子中有摩诃迦叶波（迦叶）、摩诃迦旃延。摩诃衍的全音是摩诃衍那mahāyāna，译义为“大乘”。

（30）毗卢　隋李雄字毗卢（《隋书》卷四十六）。案：毗卢为毗卢遮那Vairocana之略，译义为“遍一切处”，是佛教术语，为“法身佛”的名称。

（31）陀罗尼　周孝闵帝字陀罗尼（《周书》卷三）。案：陀罗尼dhāraṇī是佛教术语，译义是“总持”。

（32）婆罗门　魏侯莫陈悦的父亲名婆罗门（《魏书》卷八十），隋宇文皛字婆罗门（《隋书》卷五十）。又周尉迟纲字婆罗（《周书》卷二十），疑即婆罗门之略。案：婆罗门brāhmaṇa是印度四“种姓”中最贵者，又专指修婆罗门道（印度教）的人。也泛指印度人或印度，见《隋书·经籍志》中的书名。

（33）沙门　晋愍怀太子小名沙门（《晋书》卷五十三），周王轨也小名沙门（《周书》卷四十）。案：沙门一作桑门，译梵文śramaṇa，译义是“勤恳”。佛教和其他教派凡是出家的都称为沙门。

（34）沙弥　宋有刘沙弥（《宋书》卷八十四），常珍奇有个儿子叫沙弥（《魏书》卷六十一毕众敬传），梁有庾沙弥（《梁书》卷四十七），陈有邓沙弥（《隋书》卷六十于仲文传），后秦姚兴有尚书姚沙弥（《晋书》卷一百一十八），北齐王晞小名沙弥（《北齐书》卷三十一）。又晋王珉小字僧弥（《晋书》卷六十五），宋向靖小字弥（《宋书》卷四十五），石虎太子邃的儿子叫阿弥（《晋书》卷九十五佛图澄传）。案：沙弥śramaṇera这个字是从沙门派生的，佛教男子初出家受十戒者称为沙弥。

（35）三藏　隋有慕容三藏（《隋书》卷六十五）。案：三藏为tripiṭaka的译义，佛教经典分经、律、论三部，总名三藏。对于学问渊博的和尚，人们也尊称为三藏法师，如陈朝的真谛，唐朝的玄奘。

（36）三宝　魏傅乾爱的儿子叫三宝（《魏书》卷七十傅竖眼传）。案：三宝为triratna的译义，佛教以佛、法、僧为三宝。

以上是名字的全部用佛教人名或术语的。此外还有采用与佛教有关的一个字而用一个别的字配合的，最常见的有佛、僧、昙、法、道五个字。大概说来，南方和北方的风气稍微有点不同。南方用佛教专名做名字的比北方少，取名字的范围也比较小，不外乎罗汉、沙弥、文殊、迦叶之类，但是嵌用僧、法、道等字极多。北方嵌用这些字的比南方少，套用专名的比较多而且广，连夜叉、罗刹这类名字都不忌讳。

（37）佛　佛是佛陀buddha之略，译义是“觉者”或“智者”。印度和西域人把佛陀用在名字里的，如佛陀僧诃（师子觉）、佛驮跋陀罗（觉贤）、佛驮耶舍（觉明）等，例子很多。南北朝人名带“佛”字的，如宋有韩佛荣（《宋书》卷四十五），段佛荣（《宋书》卷五十），又褚淡之小字佛（《宋书》卷五十二），南齐有张佛护（《南齐书》卷五十一），后秦姚泓的儿子叫佛念，将领中有姚佛生（均见《晋书》一百一十九），仇池杨宋奴两个儿子一个叫佛奴，一个叫佛狗（《宋书》卷九十八），北齐魏收小字佛助（《北齐书》卷三十七），娄叡字佛仁（《北齐书》卷四十八），周薛慎字佛护（《周书》卷三十五），又有贺拔佛恩（《北齐书》卷十一安德王延宗传），隋交州有渠帅李佛子（《隋书》卷五十六令狐熙传）。也有拿佛陀全音做名字的，如魏高阳王雍的儿子叫伏陁（《魏书》卷二十一上），广阳王深的儿子叫佛陁（《周书》卷十五于谨传），周独孤善的儿子叫伏陁（《周书》卷十六独孤信传）。又，晋王忱字佛大（《晋书》卷七十五），他是王坦之的第四个儿子，“大”不是排行，佛大也可能就是佛陀。（又有《佛大僧大经》，其中的佛大是个恶人的名字。）

（38）僧　僧是僧伽saṅgha之略。《智度论》里说：“僧伽，秦言‘众’，多比丘一处和合，是名僧伽”，可见本是团体的名称，后来指个人，不是原来的意义了。北朝人有用僧伽为全名的，北齐有魏僧伽（《北齐书》卷九武成胡后传）、相里僧伽（又卷十一安德王延宗传），周高宝宁的儿子名僧伽（《隋书》卷三十九阴寿传），隋有郝连僧伽（又卷六十于仲文传）。至于用“僧”字而配上另一字做名字的，南北朝都很多，南方尤甚。如宋、齐两朝琅琊王氏列名史传的有僧亮、僧衍、僧达、僧谦、僧佑、僧绰、僧虔、僧朗（分见《宋书》《南齐书》，总见《南史》卷二十一——卷二十三），而太原王氏的僧孺、僧辩也是梁朝的名人（《梁书》卷三十三、卷四十五）。此外如宋有杨僧副（《宋书》卷八），解僧智（又卷九），傅僧佑（又卷五十五），荀僧宝、江僧安（均见卷五十九），南郡王义宣的儿子僧喜（又卷六十八），康僧念（又卷七十四），黄僧念（又卷八十三），张僧产（又卷八十四），段僧爱、樊僧整（均见卷八十七），傕僧琁、明僧嵩（均见卷八十八），魏有张僧皓（《魏书》卷四十三），游僧利（又卷五十五），高和璧字僧寿（又卷五十七），杨辩字僧达（又卷五十八），高聪字僧智（又卷六十八），辛琛字僧贵（又卷七十七），朱惠字僧生（又卷八十），胡僧洗和他的儿子虔字僧敬（又卷八十三下）。因为这一时代人名带“僧”字的太多了，所以只在南方北方各就一朝的史传摘录若干做例。有些奇怪的是连女子也有名字里嵌“僧”字的，如晋谢尚的女儿一个叫僧要，一个叫僧韶，王讷的女儿叫僧首（均见《世说新语》）。

（39）昙　佛教称佛所说的教义为法，与佛及僧为佛教徒所谓三宝。法，梵文叫达摩dharma，旧译作昙无或昙摩。印度和西域的僧徒有的在名字里用上这个字，如北凉时来华，以译经闻名的昙无谶，和梁武帝时来华，后来成为禅宗的祖师的菩提达摩，是有名的例子。那时候中国的和尚也常常在名字里用上“昙”字，如昙鸾、昙曜、昙度等。不出家的信徒中也染上了这个风气，如晋有郄昙（《晋书》卷六十七），宋有沈昙庆（《宋书》卷五十四）、王昙首（又卷六十三），王昙生、孙昙瓘、费昙（均见卷八十四），梁有滕昙恭、刘昙静（均见《梁书》卷四十七），陈有南康王昙朗（《陈书》卷十四）、熊昙朗（又卷三十五）。北方则魏有李平字昙定（《魏书》卷六十五），薛野賭的四个孙子叫昙庆、昙宝、昙尚、昙珍（又卷四十四），周有权昙腾（《周书》卷二十八）。案“曇”字晚出，《说文》《玉篇》都没有这个字，是翻译的人造出来译音的字。所以用“昙”字命名，除了截取“昙无”的上一字外，没有别的解释。

（40）法　佛陀、昙无、僧伽，都是译音。“佛”和“僧”渐渐用开了，被人们熟悉了，甚至忘了是外来语了，可是“昙”字却只和译义的“法”字并行一个短短的时期，以后就完全被“法”字代替了。印度来华的和尚的汉名里带“法”字的，如东汉时最早来中国的竺法兰，西晋时以译经知名的竺法护；中国和尚如有名的《佛国记》的著者法显。非僧徒而以“法”字命名的也很多，单是帝后和皇族就有晋穆帝何后名法倪，孝武帝王后名法慧（均见《晋书》卷三十二），宋前废帝子业小字法师（《宋书》卷七），宋南郡王义宣的儿子法导（又卷六十八），南齐郁林王小字法身（《南齐书》卷四），梁敬帝小字法真（《梁书》卷六），陈武帝小字法生（《陈书》卷一），魏广阳王湛的儿子法轮（《北史》卷十六），阳平王熙的曾孙法寿、法僧（《魏书》卷十六）。此外，南朝以宋为例，有甄法护、法崇兄弟（《宋书》卷七十八），孙法宗（又卷九十一），翟法赐（又卷九十三），戴法兴（又卷九十四）等人；北朝以魏为例，有房法寿（《魏书》卷四十三）、潘法显（又卷五十八）、傅法献（又卷七十）、席法友（又卷七十一）等人。

（41）道　南北朝人名里带“道”字的，多得不得了。这里边可能有的与宗教信仰无关。又可能有一部分指天师道，如晋王祯之、王和之都是天师道世家，而祯之字思道（《世说新语》排调注），和之字兴道（同书轻诋注），杜京产父亲名道鞠，史传里说他世传五斗米道（《南齐书》卷五十四）。但是像晋何充、何准弟兄以佞佛著名，史传称充“性好释典，崇修佛寺，供给沙门以百数”（《晋书》卷七十七），准“诵佛经，修营塔庙”（又卷九十三），而充字次道，准字幼道。东晋的帝室好像是很信佛，如明帝曾经亲笔在乐贤堂墙上画佛像（《晋书》卷七十七蔡谟传），简文帝常与和尚们来往，他的儿子会稽王道子“崇信浮屠，用度奢侈”（《晋书》卷六十四），而明帝字道畿，简文帝字道万，道子字道子。这些例子都可以证明，至少有一部分带“道”字的名字是与家世信佛有关的。案佛教初入中国，或者称为佛道，如《魏书·释老志》以汉武帝得金人为“佛道流传之渐”，或者就称为道，如同书载魏文成帝诏书：“其好乐道法，欲为沙门……皆足以化恶就善，播扬道教也。”信佛出家的称为道人或道士，如《四十二章经》：“道人见欲，必当远之。”《法苑珠林》卷六十九：“始乎汉魏，终暨苻、姚，皆号众僧以为道士。”这是泛称佛教为道，要是从狭义解释，则道是菩提的译语。印度来华的和尚有用菩提命名的，如菩提流支、菩提达摩。中国和尚也有用“道”字命名的，如道安、道生、道林（支遁）都是很有名的。可见当时人名里的“道”字，除一部分与道教有关，有的与宗教无涉外，肯定有一部分，甚至可能是大部分，是与佛教信仰有关的。

上面所列举的名字，大多数是译音，只有“道”“法”是译义。事实上，义译的佛教用语见于人名的还有不少。像“觉”“明”“智”“慧”，是和“道”“法”同类，“禅师”“居士”（隋南阳公主的儿子叫禅师，刘昶的儿子叫居士，均见《隋书》卷八十），是和“僧”“沙弥”同类。又如陈江总字总持（《陈书》卷二十七），隋沈光也字总持（《隋书》卷六十四），“总持”是陀罗尼的义译。宋桂阳王休范的儿子叫智藏（《宋书》卷七十九），齐东昏侯字智藏（《南齐书》卷七），隋有名医许智藏（《隋书》卷七十八），“智藏”为佛教术语。齐张融的兄弟叫宝积（《南史》卷三十二），隋蔡王名智积（《隋书》卷四十四），隋有武将李圆通（《隋书》卷六十四），“宝积”“智积”

“圆通”都是佛、菩萨的名号。诸如此类的例子，搜罗起来还会有不少。

不过一个人的名字多半是别人给他取的，所以不一定能表示本人的信仰。例如郄昙，尽管名字叫昙，却是和他哥哥郄愔齐名的道教信徒。但是与佛教有关的名字的广泛流行，能表明家世信仰和社会风尚，这是可以肯定无疑的。

八　笑话和语言学

一般所说“笑话”，范围相当广，大体上包括讽刺和幽默两类。笑话为什么引人发笑，这是心理学的问题，我毫无研究，说不出一点所以然。柏格森有一本书，名字就叫作《笑》，我没看过。很多笑话跟语言文字有关，我就谈谈这个。我取材于三本书：周启明校订《明清笑话四种》，1983年第二版；王利器辑录《历代笑话集》，1956年初版；任二北编著《优语集》，1981年初版。

先举一个有名的例子。唐朝懿宗的时候，有一个“优人”（相当于外国的fool），名字叫李可及，最会说笑话。有一回庆祝皇帝生日，和尚道士讲经完了，李可及穿着儒士衣冠，登上讲台，自称“三教论衡”，旁边坐着一人，问：“你既然博通三教，我问你，释迦如来是什么人？”李可及说：“女人。”旁边那个人吃一惊，说：“怎么是女人？”李可及说：“《金刚经》里说，‘敷座而坐’，要不是女人，为什么要夫坐而后儿坐呢？”又问：“太上老君是什么人？”回答说：“也是女人。”问的人更加不懂了。李可及说：“《道德经》里说‘吾有大患，为吾有身；及吾无身，吾复何患？’要不是女的，为什么怕有身孕呢？”又问：“孔夫子是什么人？”回答说：“也是女人。”问：“何以见得？”回答说：“《论语》说：‘沽之哉！沽之哉！吾待贾者也。’要不是女的，为什么要等着嫁人呢？”这一个笑话包括三部分：第一部分利用“敷”和“夫”同音，“而”和“儿”同音（唐朝妇女自称为“儿”）；第二部分利用“有身”的两种解释，即歧义；第三部分利用“贾”字的两种读音，就是故意念白字，本来该念gǔ，却把它念成jiǎ（这是今音，但唐朝这两个音也是不同的）。

谐声

很多笑话是利用同音字，也就是所谓谐声。谐声往往利用现成的文句。例如：

唐朝有个道士程子宵登华山，路上摔了跤。有一个做郎中官的宇文翰给他写信开玩笑，说：“不知上得不得，且怪悬之又悬。”这里就是套用《老子》“上德不德，是以有德”和“玄之又玄，众妙之门”。《老子》是道家的经典，给道士的信里套用《老子》，妙得很。

宋徽宗宣和年间，童贯带兵去“收复”燕京，打了败仗逃回来。有一天宫中演剧，出来三个女仆，梳的鬏儿都不一样。头一个梳的鬏儿在前面，说是蔡太师家里的。第二个梳的鬏儿在旁边，说是郑太宰家里的。第三个满头都是鬏儿，说是童大王家里的。问她们为什么这么梳，蔡家的说：“我们太师常常朝见皇上，我这个鬏儿叫作朝天髻。”郑家的说：“我们太宰已经告老，我这个鬏儿叫作懒梳髻。”童家的说：“我们大王正在用兵打仗，我这个是三十六髻。”这是用“髻”谐“计”。“三十六计，走是上计”是南朝齐就传下来的成语。

明末清兵入关南下，当时的大名士并且在明朝做过大官的钱牧斋，穿戴清朝衣帽去迎降。路上遇到一位老者，拿拐棍儿敲他的脑袋，说：“我是多愁多病身，打你个倾国倾城帽。”这两句是套用《西厢记》第一本第四折里的“小子多愁多病身，怎当他倾国倾城貌”。“帽”跟“貌”同音，把“貌”字换成“帽”字，连“倾国倾城”的涵义也变了，由比喻变成实指了。

笑话利用谐声，有时候透露出方言的字音。例如：

有一个私塾老师教学生念《大学》，先念朱熹的《大学章句序》，念了破句，把“大学之书，古之大学所以教人之法也”念成“大学之，书古之，大学所以教人之，……”让阎王知道了，叫小鬼去把他勾来，说：“你这么爱‘之’字，我罚你来生做个猪。”那个人临走说：“您让我做猪，我不敢违抗，我有个请求：让我生在南方。”阎王问他为什么，他说：“《中庸》书里说：‘南方猪强于北方猪。’”（按：《中庸》原文是：子路问强，子曰：“南方之强欤？北方之强欤？抑而强欤？”）这个笑话的关键在于拿“之”字谐“猪”字，这是部分吴语方言的语音，在别的地区就不会引人发笑了。

苏州有一个王和尚，因为哥哥做了官，他就还俗娶妻，待人骄傲。有一天参加宴会，别的客人跟演戏的串通了整他。戏里边有一个起课先生穿得破破烂烂地上场，别人问：“你起课很灵，怎么还这么穷呢？”按剧本里的台词，起课人的回答是：“黄河尚有澄清日，岂可人无得运时？”这位演员故意说道：“被古人说绝了，说的是：王和尚有成亲日，起课人无得运时。”客人们大笑，王和尚赶快逃走。这也是利用苏州话里“黄”和“王”同音，“亲”和“清”同音。（改词跟原词既然同音，其区别大概在于语调上的分段，原词是2，2，3，改词是3，1，3。）又，原词的上句有出处：《吴越备史》说，诗人罗隐投奔吴越，病重，吴越国王钱陁去看他，在卧室墙上题两句诗：“黄河信有澄清日，后世应难继此才。”

有时候，利用通假字的不同音义。例如“说”字本义是说话，又与“悦”字相通，古书里常常把“悦”写成“说”。明朝万历年间张居正做宰相，不让科道官提反对意见——科道指给事中和御史，都是所谓言官。有人就编个笑话来讽刺他。说是科道官出了一个缺，吏部文选司郎中向张居正请示，张居正说：“科道官最难得适当的人，连孔子门下的几个大弟子也未必都合适。”郎中说：“颜回德行好，可以用吧？”张居正说：“《论语》里说，颜回听了孔子的话，没一句不说出去，不能用。”郎中说：“子夏文学好，可以用吧？”张居正说：“孔子说过，子夏这个人，听我讲道他也说，出去看见繁华世界他也说，不能用。”郎中说：“冉求能办事，怎么样？”张居正说：“孔夫子说，冉求啊，我讲的他没有不说的，不能用。”郎中说：“子路这个人倒还可以，就怕他太鲁莽。”张居正说：“孔子去见南子夫人，子路不说，这个人可以放心用。”

有一个私塾老师教学生念《大学》，念到“于戏前王不忘”，把“于戏”二字照常用的字音读了。学生的家长跟他说，应该读作“呜呼”。到了冬天，教学生念《论语》，注释里有一句是“傩虽古礼而近于戏”，老师把“于戏”读作“呜呼”。学生家长说，这是“于戏”。这老师很生气，在他的朋友跟前诉苦，说：“这东家真难伺候，就只‘于戏’两个字，从年头跟我闹别扭，一直闹到年底。”

拆字

编笑话的人也常常在字形上做文章，主要是拆字。举三个例子。

宋朝国子监博士郭忠恕嘲笑国子监司业聂崇义，说：“近贵全为聩，收龙只作聋，虽然三个耳，其奈不成聪。”聂崇义回答他说：“莫笑有三耳，全胜畜二心。”

明朝大学士焦芳的脸黑而长，很像驴脸。当他还没高升的时候，有一天跟他的同事李东阳说：“您擅长相面，请您给我看看。”李东阳看了半天，说：“您的脸，左边一半像马尚书，右边一半像卢侍郎，将来也要做到他们那么大的官。”“马”左“盧”右，乃是“驢”（驴）字。

清朝有一个平恕，做官做到侍郎。曾经做过江苏学政，大搞贪污，名声很坏。有人编了一出戏，名字叫《干如》，开场白是："忘八，丧心，下官干如是也。"看戏的都笑了。"干"是"平"字去掉"八"，"如"是"恕"字去掉"心"。这位学台后来被总督参了一本，奉旨革职充军而死。

这三个笑话一个比一个尖锐，头一个还只是一般的开玩笑，第二个就有点叫人受不了了，末了一个是指着鼻子骂——大概那位学台大人不在场，要不然演员没这么大胆。

拆字以外，念白字也常常用来编笑话。举一个时代相当早——是宋朝——已经成为典故的例子：

相传有一位读书人路上经过一个私塾，听见里边的老师教学生念"都都平丈我"，进去纠正。事情传开之后，就有人编了个顺口溜："都都平丈我，学生满堂坐；郁郁乎文哉，学生都不来。"当时有一位文人曹元宠曹组，在一幅《村学堂图》上曾经题诗一首："此老方扪虱，群雏争附火，想当训诲间，都都平丈我。"

歧义

在语义方面着眼的，首先是利用某些语词的多义性。例如：

有一个做小买卖的，儿子做了官，他成了老封翁。有一天他去见县官，县官请他上坐，他坚决不肯。县官说："我跟令郎是同年，理当坐在您下首。"这位老封翁说："你也是属狗的吗？"这里就是利用"同年"的两种意义。

有一个和尚做了几十个饼，买了一瓶蜜，在屋里吃私食。没有吃完要出去，把饼和蜜藏在床底下，交代徒弟："给我看好饼。床底下瓶子里头是毒药，吃了就死。"和尚出去之后，徒弟把蜜涂饼，大吃一气，吃得只剩两个。和尚回来，看见蜜已经吃光，饼只剩两个，大骂徒弟："你怎么吃我的饼和蜜？"徒弟说："您出去之后，我闻见饼香，馋得熬不住，就拿来吃，又怕师父不肯饶我，就吃了瓶里的毒药寻死，没想到到现在还没死。"师父大骂："你怎么就吃掉了这么多？"徒弟把剩下的两个饼塞在嘴里，说："这么吃就吃掉了。"师父伸手要打徒弟，徒弟跑了。这里是利用"怎么"的两种意义：师父问："怎么"是"为什么"（why）的意思，徒弟故意把"怎么"理解为"怎么样"（how）的意思。

有一个人尊奉儒释道三教，塑了三位圣人的像。一个道士来了，把老子的像安在中间。一个和尚来了，又把释迦的像挪到中间。一个书生来了，又把孔子的像挪在中间。这三位圣人相互说："咱们本来好好儿的，被人家搬来搬去，把咱们都搬坏了。"这里是利用"搬"字的两种意义，搬动和搬弄。

最早的笑话书相传是三国魏邯郸淳的《笑林》，里边有一条说：汉朝司徒崔烈用鲍坚做他的属下官。鲍坚第一回去见他，怕礼节搞错，向先到的人请教。那个人说："随典仪口倡"，意思是赞礼官怎么说你就怎么办。鲍坚误会了，以为要他跟着赞礼官说。进见的时候，赞礼的说"拜"，他也说"拜"；赞礼的说"就位"，他也说"就位"。坐下的时候他忘了脱鞋，临走的时候找鞋找不着，赞礼的说"鞋在脚上"，他也说"鞋在脚上"。（案：英语Follow me也可以有两种意思，电视节目里的Follow me！是"跟我说"，回答问路的说Follow me！是"跟我走"。）

歧义的产生也可以是因为语句的结构可以有两种分析。有一个青盲（俗称睁眼瞎）跟人打官司，他说他是瞎子。问官说："你一双青白眼，怎么说是瞎子？"回答说："老爷看小人是青白的，小人看老爷是糊涂的。"这两句话的本意是：你看我看得清，我看你看不清。但是也可以理解为：你看，我是清白的；我看，你是糊涂的。这就变成大胆的讽刺了。

有些词语，写出来，加上标点，就没有歧义了。"下雨天留客天留人不留"，这是个老笑话，不用再说。还有一个也是常被人引用的。北齐优人石动筒问国学博士："孔夫子的门下有七十二贤人，有几个是大人，有几个还没成年？"博士说：“书上没有。”石动筒说：“怎么没有？已冠者三十人，未冠者四十二人。”博士问：“何以见得？”石动筒说：“《论语》里明明说，‘冠者五六人’，五六得三十，‘童子六七人’，六七四十二，加起来是七十二。”这要是写成“五、六人”和“六、七人”，就不可能加以曲解了。

唐朝武则天时代有一个老粗权龙襄做瀛州刺史。过新年，有人从长安给他写信：“改年多感，敬想同之。”他拿信给衙门里别的官员看，说：“有诏书改年号为多感元年。”众人大笑，权龙襄还不明白。要是当时有在专名旁边加记号的习惯，“多感”二字没有专名号，就不会误解了。

歇后及其他

笑话里也常常运用歇后语。先举一个《千字文》的例子。有一个县尉名叫封抱一，有一天来了一位客人，身材短小，眼睛有毛病，鼻子堵塞。封抱一用《千字文》歇后来嘲笑他：“面作天地玄，鼻有雁门紫，既无左达承，何劳罔谈彼。”四句暗含着“黄、塞、明、短”四个字。

另一个例子，有一个穷书生给朋友祝寿，买不起酒，奉上一瓶水，说：“君子之交淡如。”主人应声说：“醉翁之意不在。”分别隐藏“水”字和“酒”字。

有一个用上句隐含下句的例子，也可以算是广义的歇后。梁元帝萧绎一只眼瞎，当他还是湘东王的时候，有一天登高望远，有个随从的官员说："今天可说是'帝子降于北渚'。"梁元帝说："你的意思是'目眇眇兮愁予'吧？""眇"是偏盲。这两句是《楚辞·九歌·湘夫人》里的。

歇后是把要说的词语隐藏在别的词语背后，近似谜语。从修辞的角度看，跟歇后相对的是同义反复，笑话书里也有引用的。例如：有一个诗人作一首《宿山房即事》七绝："一个孤僧独自归，关门闭户掩柴扉。半夜三更子时分，杜鹃谢豹子规啼。"又作《咏老儒》，也是一首七绝："秀才学伯是生员，好睡贪鼾只爱眠；浅陋荒疏无学术，龙钟衰朽驻高年。"

从信息的角度来看，不但是这种同义反复里边有羡余信息，一般言语里也有羡余信息。例如：有一个秀才买柴，说："荷薪者过来。"卖柴的因为"过来"二字好懂，就把柴挑到秀才跟前。秀才问："某价几何？"卖柴的听懂"价"字，说了价钱。秀才说："外实而内虚，烟多而焰少，请损之。"卖柴的不懂他说些什么，挑起柴来走了。

笑话里不但可以涉及修辞学，还可以涉及逻辑学。有一个秀才很久不上县学老师那儿去了，县学老师罚他作文一篇，题目是《牛何之？》。这秀才很快把文章作完，它的结语是：

“按‘何之’二字两见于《孟子》：一曰，‘先生将何之？’一曰：‘牛何之？’然则先生也，牛也，二而一，一而二者也。”这个结语的逻辑犯了中项不周延的毛病。

最后说几个避讳的例子。从前有避讳尊长的名字的习俗，有时候就闹出笑话。避讳跟歇后一样，都是把要说的字眼隐藏起来，近似谜语。举两个例子。五代时冯道连着做了几个朝代的宰相，是个大贵人。有一个门客讲《老子》第一章，头一句就是“道可道，非常道”。这位不敢说“道”字，就说：“不敢说，可不敢说，非常不敢说。”

南宋时候有个钱良臣，官做到参知政事（副相），他的小儿子很聪明，念书遇到“良臣”就改称“爹爹”。有一天读《孟子》，“今之所谓良臣，古之所谓民贼也”，他就念道：“今之所谓爹爹，古之所谓民贼也。”你说可笑不可笑？

避讳不限于名字，也可以是不吉利的字眼。宋朝有个秀才叫柳冕，最讲究忌讳，应考的时候，特别忌讳“落”字。他的仆人不小心说了个“落”字，就得挨打。跟“落”同音的字都得忌讳，不说“安乐”，说“安康”。他考完了等发榜，听说榜已经出来，就叫仆人去看。一会儿仆人回来了，柳冕问他：“我中了没有？”仆人说：“秀才康了也。”这个“康了”后来成了典故，《儿女英雄传》的作者就用上了，见第三十一回。

笑话要能达到引人笑的目的，必须听的人和说的人有共同的背景知识，如古书、成语、谚语、语音、文字等，否则会“明珠暗投”。例如，不知道《老子》里有“上德不德”和“玄之又玄”，就不会懂得给道士的信里用上“上得不得”和“悬之又悬”的天然合拍；不知道有“三十六计，走是上计”的成语，也就领会不了“三十六髻”的深刻讽刺。

雕龙与雕虫

九　翻译种种

翻译工作和“杂学”

要做好翻译工作——请读者原谅我用这样的老生常谈开始这么一篇短文章——必得对于原文有彻底的了解，同时对于运用本国语文有充分的把握（我不把学科内容算进去，因为：一、那是不成问题的先决条件，二、文学作品和一般性的论文很难规定它的学科内容）。这两个条件的比重，该是前者七而后者三，虽然按现在的一部分译品来说，似乎应该调个过儿。我是按原则说话，所以把大份儿派给第一个条件；因为外国语毕竟是外国语，要充分把握，即令只是了解而不是写作，也谈何容易。

了解原文的第一步，不用说，是获得足够的词汇和文法知识。在原稿纸的一边放一本字典，另一边放一本文法，左顾右盼一阵之后才提起笔来写一行——这，咱们不必去谈它，那不是翻译，那是开玩笑。

第二道关是熟语。在最近一两天之内有两位朋友来跟我斟酌译文。一位朋友拿着“...and line their pockets by falsifying election returns（伪造选举结果，借此牟利）”不知道怎么翻。一个朋友把“But for all that he was a keen observer of...”翻作“但是为了这一切，他是一个……的敏锐的观察者”，可是跟上文的意思不合；这是因为他不知道for all that作in spite of that讲。这两个例子恰好代表熟语的两类，一类是摆出陌生的脸来的，一类是冒充老朋友的——后者更危险，一不小心就要上它的当。不过熟语是可畏而不可畏的，只要咱们不掉以轻心，就不会不发现问题，而手头有一本较好的字典，也就不怕不能解决问题。

以上是个陪衬，我要讲的是了解原文的第三道关，就是字典不能帮忙的那些个东西，上自天文，下至地理，人情风俗，俚语方言，历史上的事件，小说里的人物，五花八门，无以名之，名之曰“杂学”。就手头的材料随便举几个例子。

先来一个简单的。Jane Austen的*Pride and Prejudice*的第一章，常常选入英文读本，因之有好些初学翻译者用来小试其锋。其中有一句“Sir William and Lady Lucas are determined to go，merely on that account，”往往译作“威廉爵士和路卡斯夫人……”中国读者一定会把他们当作不相干的两个人。译者要是熟悉英国贵族圈子里的称呼习惯，他一定会翻成“路卡斯爵士夫妇……”

再来一个比较曲折点儿的。有一位朋友翻译拉斯基的一篇文章，里面有这么一段：

I think it is a reasonable criticism of a good deal of academic work in politics that，because the writer has not seen things from the inside，he tends to mistake the formal appearance for the living reality...The captaincy in the Hampshire grenadiers was not entirely useless to the historian of Roman empire；long years in the service of Shaftsbury were vital to the thought of Locke；and the election campaigns for the London County Council taught Graham Wallace a good deal he could not have learned in books about human nature in politics.

第二句他的译文是“在H. 郡的掷弹兵里当上尉，对于罗马史家不是完全无用；在Shaftsbury城服务多年，对于洛克的思想极为重要；伦敦市议会的竞选教给格拉罕·瓦勒斯许多东西，是他在论《政治中的人性》的书本上所不能得到的”。这位朋友跟我说，这里的第二第三分句他相信没有什么问题，就是第一分句里，他不懂当掷弹兵上尉为什么对罗马史家有用。他不知道这里的“罗马史家”不是泛指，是指的《罗马帝国衰亡史》的作者吉朋，吉朋曾经在1759—1763年在H. 郡民团里当过上尉。他所谓没有问题的第二第三分句也不是全无问题。Shaftsbury在这里不是地名，是人名，指的是Shaftsbury伯爵，是查理二世时代的权臣，洛克曾当过他的医官，并由他的力量做过好几任官，一直在他门下十几年。Graham Wallace曾经写过一本书，就叫《政治中的人性》，1908年出版。

再举一个比较别致点儿的例子。Rebecca West有一篇论丘吉尔的短文；因为短，我曾经用来做翻译班上的练习材料。里面有一句：“...going vegetarian and repeating ‘Om mani padme hum’ a hundred times between each bite of lettuce.”班上的同学没有一位能把这“Om mani padme hum”翻对的，这不能怪他们。他们问我怎么翻，我问他们看过《济公传》这部旧小说没有？有同学看过这部小说，想出来这是所谓“六字真言”，可是不知道怎么写。我让他查《辞海》，他找出来“唵嘛呢叭咪吽”的写法。这可以用来表明，翻译工作者所需要的“杂学”杂到什么程度。

也许有人说，只有资本主义社会里的作家们才会这样别别扭扭地写文章。不，为了使文章里的用语具体而生动，社会主义社会里的作家同样也应用这种手法，例如爱伦堡。他在巴黎和平大会上的演说已经选在新华书店的“大学国文”里，单在这一篇文章里就有几十处非注解不能明了。至于马克思著作里“用事”之多，更是一向有名，毋庸赘述。

翻译工作者的第一个任务是了解原文，第二步就得把他所了解的传达给读者。有些疑难之点，只要弄明白了，译了出来，就不再需要什么，例如上面所引Sir William and Lady Lucas之例，in the service of Shaftsbury之例，Om mani padme hum之例。像human nature in politics之例，就最好得加个注；至于the historian of Roman Empire，就更非注不可了。（有人主张，遇到这种场合，干脆把它译作吉朋，这就破坏了原作者的风格，似乎不是最妥当的办法。）

所以，必要的注释应该包括在翻译工作之内。鲁迅先生译书就常常加注，也常常为了一个注子费许多时间去查书。当然，注释必须正确，否则宁可阙疑。比如今年10月12日《人民日报》的保卫世界和平专刊里刊载的爱伦堡所作《和平拥护者》那篇文章的头一段有这么一句：“那时候，美国的和亲美的报纸上所谈论的是杜鲁门先生的人道主义，原子弹的诗句，封腾布罗的马刺声……”篇后附注：“封腾布罗是法国东南部的一个城市，以古典建筑和森林著名。当地有兵工学校一所。”这就有问题了。封腾布罗城在巴黎东南，以法国全境而论，还应该算是北部，这且不去说它；兵工学校跟马刺声如何连到一块呢？法国的军事学校多得很，为什么单单提出这一个来说呢？原来爱伦堡的心目中的封腾布罗，不是指那个才有一万多居民的小城，而是指那有四百多年历史的有名的离宫，拿破仑在这里签字退位，现在是那有名无实的“西欧联盟”的联军总部所在。（那马刺声该是那“联军统帅”蒙哥马利的马靴上的吧？）

讲到注释，连荷马也有打盹的时候，鲁迅先生译的《死魂灵》（文化生活社版）的243页上说道“邮政局长较倾向于哲学，很用功的读雍格的‘夜’……”鲁迅注作：Young（1826—1884）德国伤感派诗人。这儿显然有问题，因为《死魂灵》作于1835—1841年，1826年出生的诗人这个时候才不过九岁到十五岁。我猜想是指英国诗人Edward Young（1683—1765），他的有名的一万多行的长诗*Night Thoughts*作于1742—1745年，在浪漫主义运动时代是的确曾经传诵各国的。

一般人总觉得创作难翻译易，只有搞过翻译的人才知道翻译也不容易。创作可以“写你所熟悉的”，翻译就不能完全由自己做主了。即使以全篇而论可以算是“熟悉”了，其中还是难免有或大或小或多或少的问题，非把它解决不能完成你的任务。而其中最费事的就是这里所说“杂学”这方面的东西。要解决这些问题，当然得多查书和多问人。希望好几位同志在本刊上提议的计划能够实现，在各地建立起翻译工作者的组织，置备够用的参考书，这就可以彼此咨询，共同研讨。但是最重要的还是每人自己竭力提高自己的素养，有空闲就做点杂览的功夫，日积月累，自然会有点作用。

这篇文章发表（原载《翻译通报》2卷1期，1951）后，承王岷源同志赐教。（1）Om mani padme hum在商务印书馆出版的《综合英汉大辞典》里查得着；（2）拉斯基文章的最后一段“the election campaigns，...”里面的about human nature in politics是a great deal的定语，不是books的定语，译文中的错误我没有指出。又承王永明同志告知：拉斯基文章里关于吉朋的那句话是引用吉朋自己在他的《自传》里的原话。于此一并致谢。（1982年2月补记）

由“rose”译为“玫瑰”引起的感想

1984年9月16日的《北京晚报》上有一篇题目叫作《玫瑰、月季与蔷薇》的“知识小品”，节录如后：“玫瑰、月季与蔷薇在国外统称rose。可是长期以来，我们不少同志只要一遇到rose，就统统译成玫瑰了。……［这］是很不科学的，甚至常常会闹笑话。其实，玫瑰、月季、蔷薇在植物分类学上是属于绝然不同的三个种。三者的主要区别在于枝条的长短，皮刺的多少和叶脉的平凹三个方面。枝长且呈攀援状者为蔷薇，刺密而叶脉凹陷者（叶面发皱）为玫瑰，月季枝直立，刺少，叶脉不凹陷，不发皱。因而只要认真观其形，是不难把它们区分开来的。”

说得好。“只要认真观其形，是不难把它们区分开来的”——且慢，要是原作者没有附上一幅插图，又怎么“观其形”呢？如果翻译一本小说，里边说在病床旁边的茶几上放着一个花瓶，插着一簇roses，作者没有描写皮刺多少、叶脉平凹，也没有交代原来的枝条长短，光有r、o、s、e四个字母拼成的一个rose，翻译的人该怎么办呢？再说，即使有插图，也未必能画出刺多或是刺少，叶脉是否凹陷，依然无从判断是玫瑰还是月季，还是蔷薇。就是把上引“知识小品”的作者请来，他也未必有什么高招。“不科学”也就只能“不科学”了！

这说明什么问题呢？说明所有翻译工作者的一个共同经验：“我不是不知道啊，我是没办法啊！”再从翻译英文里举一个例子。如果你翻译一本小说，遇到主人公有一位cousin，你把它译作“表弟”，后来发现他是女性（代词用she），就改作“表妹”，后来又发现她年纪比主人公大，又改作“表姐”，再翻下去又发现原来她还比主人公长一辈，又改作“远房姨妈”，再到后头又发现她不是主人公母亲一边的亲戚而是他父亲一边的，又只好改作“远房姑妈”。其实这也靠不住，她也有可能是主人公的“远房婶娘”。要是这位cousin在书里只是昙花一现，神龙见首不见尾，父系母系、年长年幼、辈分性别，全然不知道，只知道他是主人公的cousin，你把他翻成什么好呢？伍光建老先生（如果我没记错）创造了一个名词叫作“表亲”，可以勉强对付一气，管住了四分之三：母系的全部，父系的一半。可是再一想，既然辈分、性别等全都不知道，那就翻成“表姐”或“表弟”也都不能算错，正如把形状不详的rose翻作“玫瑰”一样。

说到人们的称呼，又想起一件事。多年以前我翻过A. A. Milne的一个独幕剧*The Boy Comes Home*，那里边有一处，叔叔跟侄子说话，火儿了，拍着桌子说：“And perhaps I'd better tell you，sir，once and for all，that I don't propose to allow rudeness from an impertinent young puppy.”一面骂他“小狗”，一面又管他叫sir，这个sir该怎么翻呢？想了半天，把它翻成“少爷”。

英国人嘴里的sir，既可以用来表示恭敬、客气，又可以表示愤怒、讥讽，汉语里找不出一个单一的翻法。很多地方可以翻成“老爷”，有的地方只能翻作“您哪”。有的地方只能不翻，例如很多“yes，sir”只能翻作“是”或者“喳”。像Samuel Johnson那样对生人熟人，高兴不高兴，都是一会儿一个sir（这是十八世纪一般习惯），那就只好翻作“老兄”。恐怕只有很少的地方可以翻作“先生”，像有些词典里的译法。

不同的语言使用于不同的社群。不同的社群对于万事万物的分别部居，各有自己的一套，相互之间有同有异，这一切都反映在他们的语言里。翻译工作者的任务就是随机应变，想办法把这些同同异异逐一配上对，说得难听点儿就是“穷对付”，翻译得较好无非是对付得较好而已。要求翻译工作者翻译一切文章都像翻译化学元素一样，把hydrogen翻成“氢”，把oxygen翻成“氧”，那是一种不切实际，也可以说是违背常识的苛求。

不如干脆照抄原文

在四月五日的晚报上读到老友袁翰青谈外国人名地名音译问题，深有同感。可是我觉得他没把这问题谈透。首先，用汉字译音总是不容易准确，因为没有两种语言的语音系统完全相同。就拿Illinois这个地名说，“伊利诺斯”固然不准，“伊利诺伊”也不全对，“诺伊”是nuo-i，两个音节，原文noi是一个音节，中间没有u那个合口成分。译不准的例子太多，不一一列举了。

其次，汉字同音的多，外语的一个音可以译成好几个汉字，如s这个音可以译成“斯（恩格斯）、“思”（马克思）、“司”（司各特）、“史”（史迪威），没有一别的办法，只有死记，常见的名字靠死记，不常见的名字就常常一名多译，产生令人头痛的译名统一问题。再加上方音不同，雨果、嚣俄，叫人怀疑不是一个人。

第三，汉字译名长了很不好记，例如“乌斯-卡美诺哥尔斯克”“拉斯皮提尤萨斯群岛”。记住了，写起来也麻烦，原文十个八个字母，写汉字能有七八十画。

怎么办？只有一个办法可以彻底解决：照抄。不会念？可以学。学不好？您不是会念汉语拼音吗？就照汉语拼音念，不准就不准，反正不会比汉字译名更不准。连汉语拼音也不会？您家里不有上小学的孩子吗？您就跟他学，要不了几个小时就学会了。汉字文章里边夹用洋字太难看？那可没办法，只好永远背上那又不准，又难记，又难统一的汉字译名包袱。我想翰青同志会同意我的意见。

随笔之一·字面对译的不足

翻译的人离不开词典，可是又不能完全倚赖词典。举两个例子：（1）“widow”，《新英汉词典》注作“寡妇”。如果遇到“his widow”，绝不能译作“他的寡妇”。《英华大词典》注作“寡妇，孀妇，未亡人”，但是如果把his widow译作“他的孀妇”或“他的未亡人”，仍然不合适。只能勉强译作“他的遗孀”，虽然不能像原文那样接近口语，可是再也找不到更好的译法了。

（2）“only”，《新英汉词典》和《英华大词典》都注作“唯一的”。如果遇到“my only two relatives”，怎么办？当然不能译作“我的唯一的两个亲人”。《英华大词典》还有一个注释是“只有……的”，例子是“This is the only example（These are the only examples）I know”，译作“我知道的例子只有这一个（这些）。”可是仍然套不到“my only two relatives”的头上去。只能译作“我（的）仅有的两个亲人”。

好的翻译应当是不但是把意思翻对了，并且把语气也译出来。比如（3a）“I want to know who is to pay”和（3b）“Who is to pay，I want to know”，语气不同。（3a）可以译作“我要知道谁付钱”，（3b）如果也这样译，语气就软了。可以译作：

“谁付钱，你说，”或“谁付钱，请问。”

另一个例子，（4）“I wish you had stood firm.”照字面译作“但愿你坚持住了”，不能算错，可是不能很明确地表示这“坚持”是过去没有实现的事儿，需要加进“当时”之类的字眼。进一步就要考虑到，这句话似乎反过来说更合适些，可以译作“但愿你当时没有让步”。再念道念道，又会发现“但愿”二字在汉语口语里还是有点生硬，不如再反过去说成“可惜你当时没有坚持”。

随笔之二·英文用典

五四时代反对文言文、提倡白话文的人，常常把用典故作为文言文的罪名之一，并且说外国人写文章不用典故。这个话是不确实的。下面引几个例子。

（1）Original genius is invaluable；but echoes are worthless. Why swell the multitudinous chorus of “words，words，words” which rather tend to drown the few voices that have a right to be heard?（Leslie Stephen，Some Early Impressions）

（2）Wordsworth would not have been so irreproachable a person if the prosaic element had not mastered his higher moods. The “leader” would not have been “lost”，though the man might have got into scrapes.（idem.）

（3）This lifelong refusal to shut his eyes to the unwelcome or hide his head in the sand makes much of Hardy’s writing inevitably sad. Existence trailed for him no clouds of glory.（F. L. Lucas，Eight Victorian Poets：Hardy）

例（1）里边的“words，words，words”出在《哈姆雷特》的第二幕第二场。波洛涅斯问哈姆雷特，“殿下，您在看什么书？”哈姆雷特回答：“字儿，字儿，字儿。”例（1）引用，有“空话”“废话”的意思。

例（2）里“the leader”和“the man”都指英国浪漫主义诗人William Wordsworth。为什么说“the leader would not have been lost”，并且把“leader”和“lost”放在引号里边呢？这是因为Robert Browning有一首诗用“The Lost Leader”（“叛变了的领袖”）作题目，讥讽Wordsworth为了接受政府的津贴就由激进派转变成保守派。

这两个例子引用前人的诗文都加了引号，因而容易认出它们的性质，可是例（3）没有引号，然而“trailed...clouds of glory”却是有出处的。Wordsworth有一首诗，题为“Ode：Intimations of Immortality from Recollections of Early Childhood”（“回忆童年，遂悟夙世因缘，因而作歌”），里边有两行是：

But trailing clouds of glory do we come From God，who is our home.

这两行诗我不翻译了，好在除trail外没什么难字，意思是不难懂的。

中诗英译评议

海通以还，西人渐窥中国文学之盛，多有转译，诗歌尤甚；以英文言，其著者亦十有余家。居蜀数载，教授翻译，颇取为检讨论说之资，辄于一诗而重译者择尤比而录之，上起风雅，下及唐季，得诗五十九首，英译二百有七首。客中得书不易，取资既隘，挂漏实多，然即此区区，中土名篇，彼邦佳译，大抵已在。研究译事者足资比较；欣赏艺文者亦得玩索而吟咏焉。将以付之剞劂，辄取昔日讲说之言弁之卷首；所引诸例，杂出各家，不尽在所录之内也。

误解种种

以原则言，从事翻译者于原文不容有一词一语之误解。然而谈何容易？以中国文字之艰深，诗词铸语之凝练，译人之误会在所难免。前期诸家多尚“达旨”，有所不解，易为闪避；后期译人渐崇信实，诠解讹误，昭然易晓。如韩愈《山石》

诗，“僧言古壁佛画好，以火来照所见稀”，Bynner（p. 29）译为

And he brought a light and showed me，and I called them *wonderful*.

以“稀少”为“希奇”，此为最简单的误解字义之例。

又如《古诗为焦仲卿妻作》，“妾不堪驱使，徒留无所施”，Waley（*Temple*，p. 114）译为

I said to myself，“I will not be driven away.”

Yet if I stay，what use will it be?

以“驱使”为“驱逐”，因而语意不接，遂误以上句为自思自语，则又因字义之误而滋生句读之误。

其次，词性之误解，亦为致误之因。如杜诗《闻官军收河南河北》，“却看妻子愁何在？漫卷诗书喜欲狂”句，Bynner（p. 154）误以“愁”为动词，译为

Where is my wife? Where are my sons?

Yet crazily sure of finding them，I pack my books and poems.

读之解颐。杜公虽“欲狂”，何至愁及妻子之下落？且“却看”之谓何？

中文动词之特殊意蕴，往往非西人所能识别，如杜诗“感时花溅泪，恨别鸟惊心”，泪为诗人之泪，心亦诗人之

心，“溅”与“惊”皆致动词也，而Bynner（p. 148）译为

...Where petals have been shed like tears

And lonely birds have sung their grief.

顿成肤浅。

然一种文字之最足以困惑外人者，往往不在其单个之实字，而在其虚字与熟语，盖虚字多歧义，而熟语不易于表面索解也。此亦可于诸家译诗见之。Waley在诸译人中最为翔实，然如所译《焦仲卿妻》中，以“四角龙子幡”为

At its four corners a dragon-*child* flag（*Temple*，p. 121），

“子”字实解；又译“著我绣袂裙，事事四五通”为

...Takes what she needs，four or five *things*（ibid.，p. 116），

以“通”为“件”，皆因虚字而误。

余人译诗中亦多此例。如Fletcher（*More Gems*，p. 12）译太白《月下独酌》“月既不解饮”作

The moon then drinks *without a pause*,

由于不明“解”字作“能”讲；译“行乐须及春”作

Rejoice *until* the Spring come in,

由于不明“及”字作“乘”讲。又如Giles（*Verse*，p. 99）译杜诗“今春看又过，何日是归年？”作

Alas！I see another spring *has died*...

因不明“看”字之等于后世之“看看”或“眼见得”，遂误将“过”为“已过”，虽小小出入，殊失原诗低回往复之意也。

以言熟语，有极浅显，不应误而误者。如年月序次只以基数为之，不加“第”字，凡稍习中文者不应不解，而Fletcher（*Gems*，p. 8）译太白《长干行》“五月不可触”句为

For *five months* with you I cannot meet.

亦有较为生僻，其误可原者。如同篇“早晚下三巴”句不独Fletcher（ibid.，p. 9）误为

Early and late I to gorges go，

Lowell（p. 29）亦误为

From early morning until late in the evening，you descend the three Serpent River，

唯小畑（p. 152）作

Some day when you return down the river，

为得其真象。

熟语之极致为“典故”，此则不仅不得其解者无从下手，即得其真解亦不易达其义蕴。如小杜《金谷园》结句“落花犹似坠楼人”，Giles（*Verse*，p. 175）译作

Petals，like nymphs from balconies，come tumbling to the

ground,

诚为不当，即Bynner（p. 178）译为

Petals are falling like a girl's robe long ago,

若非加注（p. 292）亦不明也。又如权德舆《玉台体一绝》之“昨夜裙带解，今朝蟢子飞”，Giles（*Verse*，p. 135）译为

Last eve thou wert a bride,

This morn thy dream is o'er…

固是荒谬；而Bynner（p. 25）译为

Last night my girdle came undone,

And this morning a luck beetle flew over my bed.

仍不得不乞灵于附注（p. 244），且亦仅注出一“蟢子”，于“裙带”仍不得其解也。（王建《宫词》：“忽地下阶裙带解，非时应得见君王。”）

Bynner所译诗中亦时有类此之错误，如译孟浩然《秦中寄远上人》诗“黄金燃桂尽，壮志逐年衰”作

Like ashes of gold in a cinnamon-flame,

My youthful desires have been burnt with the years（p. 111），

亦复不知所云也。

若干历史的或地理的词语亦具有熟语之性质，常为译家之陷阱。如香山《赠梦得诗》（《长庆集》卷六六）“寻花借马

烦川守，弄水偷船恼令公”，Waley（*More Translations*，p. 90）译为

When，seeking flowers，we borrowed his horse，the *river-keeper* was vexed；

When，to play on the water，we stole his boat the *Duke Ling* Was sore.

以“川守”为“river-keeper”固已以意为之，以“令公”为“Duke Ling”尤可见其疏于考索。时裴度以中书令晋国公为东都留守，史称其与刘白过从甚密，《长庆集》同卷颇多题咏赠和之作，只应曰Duke P'ei或Duke of Chin，不得以“令”为专名也。

又如“山东”一名，古今异指，而Fletcher（*Gems*，p. 70）译杜诗《兵车行》“君不闻汉家山东二百州，千村万落生荆杞”，作Shantung；“河汉”指天河，而Waley（*Poems*，P. 44）译古诗十九首之十“迢迢牵牛星，皎皎河汉女”，作Han River；皆易滋误会，显为违失。

至如Giles（*History*，p. 170）译《长恨歌》“渔阳鼙鼓动地来”作

But suddenly comes the roll of the *fish-skin* war drums，

误以地名为非地名；Lowell（p. 98）译太白《闻王昌龄左迁龙

标遥有此寄》，“杨花落尽子规啼”作

In *Yang-chou*，the blossoms are dropping，

又误以非地名为地名：与“山东”“河汉”相较，虽事类相同，而难易有别。“渔阳”安得谓为“鱼皮”，“杨”“扬”更字形悬异，其为谬误尤难有恕也。

主宾语省略致误

中文常不举主语，韵语尤甚，西文则标举分明，诗作亦然。译中诗者遇此等处，不得不一一为之补出。如司空曙《贼平后送人北归》，云：“世乱同南去，时清独北还。他乡生白发，旧国见青山”，Bynner（p. 133）译为

In dangerous times *we* two came south；

Now *you* go north in safety，without me.

But remember *my head* growing white among strangers，

When *you* look on the blue of the mountains of home.

四句皆补出主语，除第三句容有可商外（亦可指友或兼指二人），余均无误。

然亦往往缘此致误，如上引诗更下一联云“晓月过残垒，繁星宿故关”，“过”与“宿”之主语仍为you，而Bynner译为

The moon goes down behind a ruined fort，

leaving star-clusters above an old gate.

误以“晓月”与“繁星”当之，不知此二语之作用如副词也。

又如《古诗十九首》之十二，“燕赵多佳人……当户理清曲”继之以“驰情整巾带，沈吟聊踯躅”，乃诗人自谓闻曲而有感也，Waley（*Poems*，p. 45）误以蒙上佳人，译为

To case their minds they arrange their shawls and belts;

Lowering their song，a little while they pause，

索然寡味矣。

又如Fletcher（*More Gems*，p. 9）译李白《长干行》“早晚下三巴，预将书报家”作

Early and late I to gorges go，

Waiting for news that of thy coming told.

不明“早晚”之为询问，遂以“下”为“我下”，不知自长干至三巴不得云“下”，两地之相去亦非朝暮可往来者。

又如刘长卿《逢雪宿芙蓉山》，“柴门闻犬吠，风雪夜归人”，闻者诗人自闻也，Fletcher（*Gems*，p. 184）译为

The house dog's sudden barking，*which hears the wicker go*，

Greets us at night returning through driving gale and snow.

误为犬闻门响而吠，不知中文不容有“宾—动—主”之词序，杜诗“香稻啄余鹦鹉粒”之得失至今犹聚讼纷纭也。

此等错误往往因涉上下文主语而来，如上举“驰情整巾带”误承“当户理清曲”，“早晚下三巴”则其上既有“坐愁红颜老”，其下复有“相迎不道远”，不谙中文之常常更易主语而又从略者自易致误。如杜诗《兵车行》“况复秦兵耐苦战，被驱不异犬与鸡”，即此土不学之人亦难免误解，Bynner（p. 169）译为

Men of China are able to face the stiffest battle,

But their officers drive them like chickens and dogs.

其情可原。然“役夫”来自“山东”，与“秦兵”正为敌对，上下文足以确定被驱者非秦兵，B.氏有江亢虎氏为助，不容并此而不达。

又因主语之省略而误解动词之意义者。如Waley译《焦仲卿妻》“谓言无罪过，供养卒大恩”（*Temple*，p. 116）作

Never in *spoken word* did I transgress or fail…

又“十七遣汝嫁，谓言无諐违”（p. 118）作

…and hears you *promise* forever to be true,

此两“谓言”同于后世之“只道”“只说是”，宜作I thought解，Waley不了此义，殆由未举主语。

又如《古诗十九首》之十九“客行虽云乐，不如早旋归”，Waley（*Poems*，p. 48）译作

My absent love *says* that he is happy,

But I would rather he said he was coming back,

又古诗《上山采蘼芜》“新人虽言好，不及故人姝”，（p. 35）译作

Although her *talk* is clever…

其实此处“云”“言”皆无主动词，it is said之义，仍实字之近于虚字者，缀于“虽”字之后，作用类似衬字，今语亦有“虽说是”，可为比较；Waley视为寻常动词，遂有“言谈”之解。

与主语省略相似者又有宾语之省略，亦为译家致误之由。如元稹《遣悲怀》，“尚想旧情怜婢仆，也曾因梦送钱财”，Bynner（p. 216）译为

…Sometimes，in a dream，I bring *you* gifts.

谓梦中送钱财于亡妻，无乃费解？此则远不及Fletcher（*More Gems*，p. 191）所译

The staves’ and servants’ love moves me to love,

And presents I gave them，when I dreamed of you.

之信达而兼雅也。

又有因连词之省略而致误者。如渊明《责子诗》“雍端年十三，不识六与七”，Budd（p. 150）误于前，

Yong-tuan is thirteen now.

Waley（*Poems*，p. 76）误于后，

Yung-tuan is thirteen.

皆昧于中文平联词语常不用连词之惯例，遂以“雍”与“端”为一人也。

人称改变

译诗者往往改变原诗之观点，或易叙写为告语，因中文诗句多省略代词，动词复无词形变化，译者所受限制不严也。其中有因而转更亲切或生动者。试引二三例，则如李商隐《嫦娥》诗，“嫦娥应悔偷灵药，碧海青天夜夜心”，Bynner（p. 75）译为

Are *you* sorry for having stolen the potion that has set *you*

Over purple seas and blue skies，to brood through the long nights?

此由第三身之叙写改为对第二身之告语者，视原来为亲切。如卢纶《塞下曲》之“野幕敞琼筵，羌戎贺劳旋；醉和金甲舞，雷鼓动山川”，Bynner（p. 104）译为

Let feasting begin in the wild camp!

Let bugles cry our victory!

Let us drink，let us dance in our golden armour!

Let us thunder on rivers and hills with our drums!

此由第三身之叙写改为一、二身之告语者，视原来为生动。

如王维《班婕妤》诗，“怪来妆阁里，朝下不相迎；总向春园里，花间笑语声”，Fletcher（*Gems*，p. 120）译为

Dost Wonder if my toilet room be shut?

If in the regal halls we meet no more?

I ever haunt the garden of the spring;

From smiling flowers to learn their whispered lore.

原来为汉帝告婕妤，译诗改为婕妤告汉帝，观点适相反，而译诗似较胜。

但如王建《新嫁娘》诗，“三日入厨下，洗手作羹汤”，Fletcher（*More Gems*，p. 208）译为

Now married three days，to the kitchen I go，

And washing *my* hands a fine broth I prepare.

杜牧《秋夕》诗，“银烛秋光冷画屏，轻罗小扇扑流萤”，Bynner（p. 177）译为

Her candle-light is silvery on her chill bright screen.

Her little silk fan is for fireflies…

原诗之为一身抑三身，未可遽定：前一诗似是三身，今作一身，后一诗似是一身，今作三身，其间得失，正自难言。然中

诗可无主语，无人称，译为英文，即非有主语有人称不可，此亦译中诗者所常遇之困难也。

以诗体译诗之弊

不同之语言有不同之音律，欧洲语言同出一系，尚且各有独特之诗体，以英语与汉语相去之远，其诗体自不能苟且相同。初期译人好以诗体翻译，即令达意，风格已殊，稍一不慎，流弊丛生。故后期译人Waley、小畑、Bynner诸氏率用散体为之，原诗情趣，转易保存。此中得失，可发深省。

以诗体译诗之弊，约有三端。一曰趁韵：如Fletcher（*Gems*，p. 211）译王绩《过酒家》“眼看人尽醉，何忍独为醒”作

With wine o'ercome when all our fellows be,

Can I alone sit in sobriety?

二曰颠倒词语以求协律：如Fletcher（*More Gems*，p. 62）译杜诗《秋兴》“几回青琐点朝班”作

Just in dream by the gate when to number I sate

The courtiers' attendants who throng at its side.

三曰增删及更易原诗意义：如陈子昂《登幽州台》诗，“前不见古人，后不见来者，念天地之悠悠，独怆然而涕

下”，Giles（p. 58）译为

My eyes saw not the men of old;

And now their age away has rolled

I weep—to think that I shall not see

The heroes of posterity!

其第二行为与原诗第三句相当乎，则甚不切合，为不与相当乎，则原句甚重要，不容删省。又如杜诗“露从今夜白，月是故乡明”，Giles（p. 101）译为

The crystal dew is glittering at my feet,

The moon sheds，as of old，her silvery light.

“今夜”与“故乡”为此联诗眼，而横遭刊落。

与此相反者，如张泌《寄人》诗，“别梦依依到谢家，小廊回合曲阑斜”，Giles（p. 209）译为

After parting，dreams possessed me and I wandered you know where,

And we sat in the verandah and you sang the sweet old air.

第二行之下半完全为足成音段而增加。

其全部意义加以更易者，如Giles（p. 65）译张九龄诗“思君如明月，夜夜减清辉”作

My heart is like the full moon，full of pains,

Save that'tis always full and never wanes.

汉译便是"思君异明月，终岁无盈亏"。

前两种病，中外恶诗所同有，初无间于创作与翻译。第三种病，则以诗体译诗尤易犯之，虽高手如Giles亦所不免。Fletcher尤甚于Giles；Budd，Martin诸人更甚于Fletcher，有依稀仿佛，面目全非者，其例难于列举。

平实与工巧

自一方面言，以诗体译诗，常不免于削足适履，自另一方面言，逐字转译，亦有类乎胶柱鼓瑟。硬性的直译，在散文容有可能，在诗殆绝不可能。Waley在*More Translations*序言中云，所译白居易诗不止此数，有若干未能赋以"诗形"，不得不终于弃去。Waley所谓"诗形"（poetic form），非寻常所谓"诗体"，因所刊布者皆散体也。Waley举其初稿两首为例，试录其一，《早春独登天宫阁》（《长庆集》卷六十八）："天宫日暖阁门开，独上迎春饮一杯。无限游人遥怪我，缘何最老最先来？"

Tien-kung Sun warm，pagoda door open；

Alone climbing，greet Spring，drink one cup.

Without limit excursion-people afar-off wonder at me；

What cause most old most first arrived!

此Waley认为诗的原料，未经琢磨不得为诗者。而Ayscough译杜诗，顾以此为已足。如《垂老别》首四句："四郊未宁静，垂老不得安。子孙阵亡尽，焉用身独完？"（*Tu Fu*，I.，p. 336），译为

On all four sides，in open spaces beyond the city，no unity，no rest;

Men fallen into old age have not attained peace.

Their sons，grandsons，every one has died in battle:

Why should a lone body finish its course?

Lowell与Ayscough合译《松花笺》集，以不识中文故，不得不唯Ayscough之初稿是赖，因之多有不必要之拘泥处，如译太白《山中答俗人问》（p. 69），"问余何事栖碧山"作

He asks why I *perch* in the *green jade* hills.

然其佳者如刘禹锡《石头城》（p. 120），"山围故国周遭在，潮打空城寂寞回"，译为

Hills surround the ancient kingdom; they never change.

The tide beats against the empty city，and silently，silently returns.

亦自具有Waley所谓"诗形"，非Ayscough自译杜诗可比也。

故严格言之，译诗无直译意译之分，唯有平实与工巧之别。散体诸译家中，Lowell、Waley、小畑，皆以平实胜，而除Lowell外，亦未尝无工巧；至于Bynner，则颇逞工巧，而亦未尝无平实处。

所谓平实，非一语不增，一字不减之谓也。小畑之译太白诗，常不为貌似，而语气转折，多能曲肖。如“两岸猿声啼不住，轻舟已过万重山”（p. 76）译为

The screams of monkeys on either bank
Had scarcely ceased echoing in my ear
When my skiff had left behind it
Ten thousand ranges of hills.

“已”字，“过”字，“啼不住”三字，皆扣合甚紧，可谓译中上选。又如《独坐敬亭山》绝句（p. 57）“众鸟高飞尽，孤云独去闲。相看两不厌，只有敬亭山”之译为

Flocks of birds have flown high and away;
A solitary drift of cloud，too，has gone，wandering on.
And I sit alone with the Ching-ting Peak，towering beyond.
We never grow tired of each other，the mountain and I.

《苏台览古》（p. 74）“旧苑荒台杨柳新，菱歌清唱不胜春。只今惟有西江月，曾照吴王宫里人”之译为

In the deserted garden among the crumbling walls,
The willows show green again,
While the sweet notes of the water-nut song
Seem to lament the spring.
Nothing remains but the moon above the river—
The moon that once shone on the fair faces
That smiled in the king's palace of Wu.

皆未尝炫奇求胜，而自然切合，情致具足者。

译人虽以平稳为要义，亦不得自安于苟简或晦塞，遇原来异常凝练之诗句，固不得不婉转以求曲达。Waley译古诗有颇擅此胜者：如《十九首》之九（*Poems*，p. 43），“此物何足贵，但感别经时”后句译为

But it may remind him of the time that has past since he left.

《十九首》之十一（p. 44），“立身苦不早”译为

Success is bitter when it is slow in coming.

《十九首》之十三（p. 46），“万岁更相送”译为

For ever it has been that mourners in their turn were mourned.

又如《焦仲卿妻》（*Temple*，p. 122），“自君别我后，人事不可量；果不如先愿，又非君所详”，末句言约而意深，译作

You would understand if only you knew.

此皆善为婉达，具见匠心者也。

至Bynner译《唐诗三百首》乃好出奇以制胜，虽尽可依循原来词语，亦往往不甘墨守。如孟浩然《留别王维》（p. 112），“欲寻芳草去，惜与故人违”译为

How sweet the road-side flowers might be

If they did not mean good-bye, old friend.

韦应物《滁州西涧》（p. 206），“春潮带雨晚来急，野渡无人舟自横”译为

On the spring flood of last night's rain

The ferry-boat moves as though someone were poling.

同人《夕次盱眙县》（p. 211），“独应忆秦关，听钟未眠客”译为

At midnight I think of northern city-gate,

And I hear a bell tolling between me and sleep.

皆撇开原文，另作说法，颇见工巧。然措词虽已迥异，意义却无增减，虽非译事之正宗，亦不得谓为已犯译人之戒律也。

变通的限度

上举Bynner诸例引起译事上一大问题，即译人究有何种限度之自由？变通为应限于词语，为可兼及意义？何者为必须变

通？何者为无害变通？变通逾限之流弊又如何？

译事之不能不有变通，最显明之例为典故。如元稹《遣悲怀》诗，“邓攸无子寻知命，潘岳悼亡犹费词”，Bynner（p. 216）译为

There have been better men than I to whom heaven denied a son,

There was a poet better than I whose dead wife could not hear him.

孟郊《古别离》诗，“不恨归来迟，莫向临邛去”，Fletcher（*Gems*，p. 175）译为

Your late returning does not anger me,

But that another steal your heart away.

皆可谓善于变通，允臻上乘。若将“潘”“邓”“临邛”照样译出，即非加注不可，读诗而非注不明，则焚琴煮鹤，大杀风景矣。（第一例尤佳，因“知命”与“费词”亦暗中扣紧也。）

亦有不变通而无妨变通者。试举二三简单之例：如太白《江上吟》之结句云，“功名富贵若长在，汉水亦应西北流”，Lowell（p. 43）与小畑（p. 25）均直译“西北流”，小

畑加注云汉水东南流入江，实则循上句语气，无注亦明。然若如Fletcher（*Gems*，p. 44）之译为

But sooner could flow backward to is fountains

This stream，than wealth and honour can remain.

直截了当，亦未尝不可。又如Fletcher（*Gems*，p. 214）译贾至《春思诗》“桃花历乱李花香”作

The peach and pear blossoms in massed fragrance grow.

李花未必不历乱，桃花亦未必不香，正不必拘于原文字面。又如Giles（*Verse*，p. 164）译白居易《后宫词》“红颜未老恩先断，斜倚熏笼坐到明”作

Alas，although his love has gone，her beauty lingers yet;

Sadly she sits till early dawn but never can forget.

原云“红颜未老恩先断”，今云“君恩已去红颜在”，先者后之，后者先之，在译者自是为凑下二行之韵脚，而意思似转深入，此亦变通之可取者。又如Bynner（p. 127）译白居易《琵琶行》“暮去朝来颜色故”作

And evenings went and evenings came，and her beauty faded.

中文“暮去朝来”本兼“朝去暮来”言，英文evenings went and mornings came则无此涵义，若译为evenings and mornings went and came，又未免过于絮烦，自唯有如上译法，言简而意赅。

又如杜审言《和晋陵陆丞早春游望》诗“忍闻歌古调，归思欲沾襟”，“归思”下本隐有“使我”意，为五言所限，不得不尔。照字面译出，虽不至于费解，终觉勉强。Bynner（p. 179）译为

Suddenly an old song fills

My heart with home，my eyes with tears.

便较显豁。此种变通实已近于必要矣。

如斯之例，诸家多有，上节所引Waley与Bynner诸译咸属此类，皆未尝以辞害意，为译人应有之自由。然而词语之变通与意义之更易，其间界限，亦自难言。变通而及于意义，则如履薄冰，如行悬絙，时时有陨越之虞，不得不审慎以将事。试以二例明之。Waley（*Poems*，p. 35）译古诗《上山采蘼芜》“新人工织缣，故人工织素。织缣日一匹，织素五丈余”，作

My new wife is clever at embroidering silk;

My old wife was good at plain sewing.

Of silk embroidery one can do an inch a day;

Of plain sewing，more than five feet.

缣素之别，以及一匹与五丈之分，译出均欠显豁，故改为绣与缝，一寸与五尺，于原文意义颇有更张，而主旨则无出入。此变通之可取者。反之，如Bynner（p. 4）译张继《枫桥夜泊》

诗“江枫渔火对愁眠”作

Under the shadows of maple-trees a fisherman moves with the torch.

一静一动，与原诗意境迥异，虽或见仁见智，难为轩轾，而谓鹿为马，终非转译所宜。二例之间，界限渐而非顿，然不得谓为无界限。得失寸心，疏漏与穿凿固唯有付之译人之感觉与判断矣。

意义之变通有三，或相异，或省减，或增加。相异之例已如上举。意义之省减，时亦不免，若不关宏旨，亦即不足为病。如Bynner（p. 148）译杜诗“白头搔更短，浑欲不胜簪”作

I stroke my white hair. It has grown too thin

To hold the hairpins any more.

“更”字“欲”字皆未能传出，而大体不谬。

不可省而省，则失之疏漏。如Waley（*Temple*，p. 117）译《焦仲卿妻》诗“今日还家去，念母劳家里”作

Today I am going back to my father's home;

And this house I leave in Madam's hands.

“念”字“劳”字皆不可省而省者。又如Bynner（p. 174）译杜荀鹤《春宫怨》“承恩不在貌，教妾若为容？”作

To please a fastidious emperor,

How shall I array myself?

“不在貌”三字以一fastidious当之，全然未达。（若改为capricious，则庶几近之。）又如所译阙名《杂诗》“等是有家归未得，杜鹃休向耳边啼”（p. 3），

We are thinking of our kinsfolk, far away from us.

O cuckoo, why do you follow us, why do you call us home?

“等是”二字何等重要，岂容漏去？类此之例，不尽由于有意之变通，亦有识解不周，或为才力所限，遂至陷于浅薄疲弱，虽其情可原，其病不可不知。以诗体译诗者，为凑韵脚与节拍，尤易触犯此戒，前节已申论之矣。

增饰原诗之意义，亦有无伤大雅者。如Giles（*Verse*，p. 96）译太白诗“白发三千丈，缘愁似个长”作

My whitening hair would make a long long rope,

Yet could not fathom all my depth of woe.

比原来意义略进一步，而不足为病。

过此则往往流于穿凿。如Giles（*Verse*，p. 53）译薛道衡诗“入春才七日，离家已二年”作

A week in the spring to the exile appears

Like an absence from home of a couple of years.

即犯“read in”之病，殆以为二句不相连属，未免平淡，遂

为“一日三秋”之解。不知此二句本平淡，故陈人有“底言”之诮，及“人归落雁后，思发在花前”二句出，始知名下无虚耳（见《隋唐嘉话》）。

又如Waley（*Poems*，p. 35）译古诗《上山采蘼芜》“新人从门入，故人从阁去”作

My new wife comes in from the road to meet me;

My old wife always came down from her tower.

原诗只状其得新弃故耳，译文乃言新人好游乐，故人勤女红。（或缘误“去”为“出”？）

更有甚于此者，如Fletcher（*Gems*，p. 209）译贺知章《题袁氏别业》诗“主人不相识，偶坐为林泉。莫谩愁沽酒，囊中自有钱”作

The Lord of All to us is all unknown.

And yet these Woods and Springs must Some One own.

Let us not murmur if our Wine we Buy;

In our own Purse have we Sufficiency.

即事之诗，解为论道，刻意求深，翻失真象。又Giles译司空图《诗品》（*History*，p. 179—188），全作道家玄语，与诗文了无关涉。如斯穿凿，宜为厉禁。

至如Martin（p. 55）之译太白《长干行》“郎骑竹马来，

绕床弄青梅”作

You rode a bamboo horse,

And deemed yourself a knight,

With paper helm and shield

And wooden sword bedight.

则缘根本误会诗中主体，以商人妇为军士妻，因而任意枝蔓，全无依据，无以名之，荒谬而已。

连贯与骈偶

中诗大率每句自为段落，两句连贯如“旧时王谢堂前燕，飞入寻常百姓家”者，其例已鲜。西诗则常一句连跨数行，有多至十数行者。译中诗者嫌其呆板，亦往往用此手法，Bynner书中最饶此例。如译太白诗“但见泪痕湿，不知心恨谁”（p. 53）作

You may see the tears now, bright on her cheek,

But not the man she so bitterly loves.

利用关系子句，便见连贯。又如译王维《九月九日忆山东兄弟》（p. 190），“独在异乡为异客，每逢佳节倍思亲。遥知兄弟登高处，遍插茱萸少一人”，作

All alone in a foreign land,

I am twice as homesick on this day,

When brothers carry dogwood up the mountain,

Each of them a branch—and my branch missing.

虽四行与原诗四句分别相当，而原诗只三四连贯，此则一气呵成矣。

然此二例犹可在逐行之末小作停顿，若如所译王维《秋夜曲》（p. 191），“桂魄初生秋露微，轻罗已薄未更衣”，作

Under the crescent moon a light autumn dew

Has chilled the robe she will not change.

即不复有停顿之理。又如Cranmer-Byng（*A Feast of Lanterns*, p. 43）译王维《送春辞》，“相欢在樽酒，不用惜花飞”，作

Then fill the wine-cup of to-day and let

Night and the roses fall，while we forget.

停顿不在上行之末，而在下行之中，纯用西诗节律，与中诗相去更远矣。

此类译作，虽音调不侔，其佳者亦至有情致。然若一味求连贯，有时即不免流于牵强附会。如Bynner（p. 192）译王维《归嵩山作》，“清川带长薄，车马去闲闲。流水如有意，暮禽相与还”，作

The limpid river，past its rushes

Running slowly as my chariot,

Becomes a fellew voyager

Returning home with the evening birds.

即与原诗颇有出入。

至如译李颀《听安万善吹觱篥歌》（p. 51），“……变调如闻杨柳春，上林繁花照眼新。岁夜高堂列明烛，美酒一杯声一曲”，作

...They are changing still again to Spring in the Willow Trees.

Like Imperial Garden Flowers, brightening the eye with beauty,

Are the high-hall candles we have lighted this cold night...

“上林繁花”句显然属上，今以属下，其为不妥，无任何理由可为借口也。

中诗尚骈偶，不独近体为然，古体诗中亦时见偶句；英诗则以散行为常，对偶为罕见之例外。译中诗者对于偶句之处理，有时逐句转译，形式上较为整齐，有时融为一片，改作散行。试以Bynner所译为例，如王维《汉江临眺》（p. 195）“江流天地外，山色有无中。郡邑浮前浦，波澜动远空”，译为

This river runs beyond heaven and earth.

Where the colour of mountains both is and is not.

The dwellings of men seem floating along

On ripples of the distant sky.

前一联较为整齐，后一联便一气呵成，不分两截（意义之切合与否为另一问题）。

诗中偶句亦有上下相承，本非并立者，译来自以连贯为宜。如韦应物《淮上喜会梁川故人》诗“浮云一别后，流水十年间”，Bynner（p. 207）译为

Since we left one another，floating apart like clouds，

Ten years have run like water — till at last we join again.

自是顺其自然，非故事更张。

然亦有本甚整齐，而有意破坏之，以求得参差错落之效者，如Bynner（p. 87）译李益《夜上受降城闻笛》诗“回乐峰前沙似雪，受降城外月如霜”，作

The sand below the border-mountain lies like snow，

And the moon like frost beyond the city-wall.

甚可觇中西风尚之殊异。

与此相反，有原诗散行，译者假一二相同之字以为线索，化散以为整者。如王昌龄诗“秦时明月汉时关，万里长征人未还”，Bynner（p. 181）译为

The moon goes back to the time of Chin，the wall to the time of Han，

And the road our troops are travelling goes back three hundred (thousand?) miles.

王维诗“深林人不知，明月来相照”，Giles（*Verse*，p. 70）译为

No ear to hear me，save my own；

No eye to see me，save the moon.

然类此之例，不数数觏。一般言之，中诗尚整，西诗尚散，译诗者固未由自外也。

十　文学和语言

文学和语言的关系

我在一本书里头，偶然看见这么一个故事。就是有一个法国的画家，叫德卡，是一个印象派画家。这位画家，除画画之外，还喜欢做两首诗，对于做诗也很热心。有一天，他做诗，那个诗老是不出来，他去找他的朋友，一个诗人，叫马拉梅，他是一个有名的诗人。德卡跟他说：“我呀，一肚子的诗，写不出来，是个什么问题？我有很多诗的思想，不能把它写出来。”马拉梅就对他说：“老兄呀，诗这个东西，是拿语言把它写出来的，用文字把它写出来的，不是用思想写出来的，思

想没法子写，要写就得用语言。”

就这么一个故事。这个故事引起我一些感想。文学作品是用语言作媒介，用语言把它写出来的。这个道理，中国古代的诗人懂，散文作家也懂，现代的诗人和作家，有的懂，有的就不太懂。现在的文艺评论都是强调生活，说一个作家要有生活，没有生活写不出东西，这话很对。但是光有生活够不够呢？你把生活经验转化成为文学作品，你要通过一种媒介，就等于我们吃东西进去，要有一种酶帮助消化。把生活转变成作品要通过语言，这个道理，我们的作家，至少是大部分作家，是懂的，因为这是非常现实的问题。你光一肚子生活，没法子把它变成作品，这就跟德卡问马拉梅的问题一样。怎么办？马拉梅说你得用语言把它写出来。这个道理就跟一个画家画油画一样，你首先得调色，这个颜色，这个色彩，你得会调，然后才能画。你不借助于颜色，没法子画出画来。我们作家，大部分都懂这个道理，因为这是个很实际的问题。

非常遗憾，我们的好些文艺评论家，像是不懂这个道理。他开口生活，闭口意识形态，却不讲语言。这种文艺批评是片面的。我们的文艺批评家是这样讲了，我们学校的老师也就跟着这样讲，也是在那儿讲生活，讲意识形态，很少讲语言。那样讲文学，我认为是片面的，讲不好的。

因为有这个感想，我就去查查书。我查了两本文学史，一本是刘大杰的《中国文学发展史》，一本是社会科学院文学研究所的《中国文学史》。我看这两本书讲杜甫是怎么讲的。当然都讲到杜甫的思想等，这是两本书共同的。我就看这两本里头讲杜甫运用语言是怎样讲的。刘大杰的书上讲的不多，讲的是杜甫入蜀以后，他的作品就有一种“逍遥恬静的风格”，就那么很笼统的几句，好像杜甫运用语言的能事就那么一点，没多少可以说的。文学研究所讲杜甫，有专门一节讲“杜甫诗歌的艺术成就”，这里头讲的就比较多。说他是：“精工锤炼，卓然成章。”又说：“他的风格主要表现为：‘深沉凝重。’或者如他自己所说的‘沉郁’”，“或雄浑，或悲壮，或奔放，或瑰丽，或质朴，或古简，或轻灵，无不达于胜境”。就是说他各种风格都有。还有一个地方说，“杜甫的诗歌在语言艺术上的成就，也是非常突出的”，点出他用字，举了几个例子：“星垂平野阔，月涌大江流”，一个“垂”字，一个“涌”字，都用得好，“群山万壑赴荆门”，“赴”字用得好。另外一个地方说他“还善于运用民间口头语言和方言俚谚”，另外一个地方，说“他卓越地掌握了中国语言的声韵”，“他的诗不仅具有形象的美，而且具有音乐的美”，如《石壕吏》这一首诗，内容有转变的地方，诗的韵脚也换了，换韵是配合它的内容的。总地说来，文学研究所讲杜甫运用语言比较多一点。

我又查查从前人的诗话。这种书我手头不多，就有一部《苕溪渔隐丛话》。这部书分前集后集，杜甫在前集有九卷，后集有四卷，共十三卷。我就拿他跟别的作家比较，韩愈是三卷加一卷，共四卷；欧阳修两卷加一卷，三卷；王安石四卷加半卷，四卷半；苏轼九卷加五卷，十四卷；黄山谷三卷加两卷，五卷。杜甫跟苏轼他们两位，讲的特别多，引的材料特别多，讲他们这首诗那首诗，讲他们作品比较详细。我意思是说，我们古人讲文艺作品，很重视作家怎么运用语言，有些什么特色，举了很多例子。而我们现在讲文艺，这方面非常忽略，光讲内容，不谈语言的运用，片面性很明显。我希望这个讲习班上讲文学的同志——当然有分工，有的题目就是说明讲思想的，那当然讲思想了，是不是也有的可以多讲一点作家怎么运用语言。就是讲思想，他的思想也不能赤裸裸地往作品里头搁呀，他还得给它穿上衣服呀，那就是语言了，他得用语言把思想表达出来，总之还是离不开语言的。

文学作品体裁

汉语文学作品的各种体裁可以用一个简明的表格来表示。

当然，这个表里边的正负号都是只代表主要情况，往往有些例外，如古体诗一般或五言或七言，但也有五言七言相间乃至杂以五七言以外的诗句的；一般不用对偶，但也间或有对偶句。又如近体诗首联与末联多不用对偶（因而绝句可能通篇无对句）。一个表格是很难包括所有情况的。

<table>
<tr><th colspan="2" rowspan="2">体裁
格律</th><th colspan="2">诗</th><th rowspan="2">词</th><th colspan="2">赋</th><th rowspan="2">骈文</th><th rowspan="2">散文</th></tr>
<tr><th>古体</th><th>近体
（律、绝）</th><th>古赋</th><th>律赋</th></tr>
<tr><td colspan="2">押　韵</td><td>+</td><td>+</td><td>+</td><td>（+）</td><td>+</td><td>−</td><td>−</td></tr>
<tr><td rowspan="3">句式</td><td>句数固定</td><td>−</td><td>+</td><td>+</td><td>−</td><td>−</td><td>−</td><td>−</td></tr>
<tr><td>字数固定</td><td>+</td><td>+</td><td>+</td><td>−</td><td>−</td><td>−</td><td>−</td></tr>
<tr><td>等　长</td><td>+</td><td>+</td><td>−</td><td>−</td><td>−</td><td>−</td><td>−</td></tr>
<tr><td colspan="2">平　仄</td><td>（+）</td><td>+</td><td>+</td><td>（+）</td><td>（+）</td><td>（+）</td><td>−</td></tr>
<tr><td colspan="2">对　偶</td><td>−</td><td>+</td><td>（+）</td><td>（+）</td><td>+</td><td>+</td><td>−</td></tr>
</table>

散文用韵

《人民文学》1981年2月号《赶场即事》里边有一段是押韵的：

哪一颗星没有光，哪一朵花没有香，哪一个庄稼人的心里又不怀着屈辱和期望？在过往的日子留下的这片废墟上，哪一个庄稼人又不在为明亮的日子而奔忙？这虽然像梦又实在不是梦！日头才刚刚西斜，阳光是无边无际，乡场上密得不透风，好比一朵正当节令的金秋芙蓉。

散文中掺杂韵语，从修辞的角度看，是得还是失，恐怕评论家的意见是不会一致的。不过这种做法倒是古已有之。先秦两汉的例子早已受到音韵学家的注意，下面引一个宋朝的例子：

盖亭之所见，南北百里，东西一舍。涛澜汹涌，风云开阖，昼则舟楫出没于其前，夜则鱼龙悲啸于其下。变化倏忽，动心骇目，不可久视。今乃得玩之几席之上，举目而足。西望武昌诸山，冈陵起伏，草木行列，烟消日出，渔夫樵父之舍，皆可指数。此其所以为“快哉”者也。至于长洲之滨，故城之墟，曹孟德孙仲谋之所睥睨，周瑜陆逊之所驰骛，其风流遗迹亦足以称快世俗。（苏辙：《快哉亭记》）

上面用记号标出来的三组字，要按照当时的韵书的要求，只有“舍、下”一组通得过，其余的两组都有出韵之嫌。但是整个看来不像是完全出于偶然，那也是可以肯定的。

儿化

儿化是北方话里很值得深入研究的一种现象，但是光依据书面材料是不能探明真相的，因为即使是最爱照口语直写的作家，也不肯把每一个“儿”都写出来。下面是很难得遇见的一个尽量写出来的例子：

我早发现你们俩有意思儿，用文明话说，就是有感情儿，只不过没人搭个桥儿。昨儿晚上，我找到香莲，背着人儿，我拐弯抹角地套她话儿。……后来我说到你的难处，又说到这会儿姑娘们找对象，一个个“鸽子眼，向上翻”，评价儿，论分儿，寻的是新房儿，彩礼儿，不管人品怎么样……（韩映山：《塘水清清》，载《人民文学》1980年10期）

这里边的“儿”很多不是加在一个词后头而是加在一个短语后头的。

博喻

1982年10月号的《北京文学》有张一弓的一篇小说《考

验》，里边有这么一句：

因为她同时也感到一个“共产党阿囡”的真实的存在，如同战士找到了哨位，钥匙找到了锁孔，琴找到了弦，弓找到了箭，丽达有了手枪，保尔骑上了战马。

一连用了六个比喻。钱锺书先生在《宋诗选注》中苏轼诗选的引言里提到这种“博喻”法，用《百步洪》里写水波冲泻的一段做例子：

有如兔走鹰隼落，骏马下注千丈坡，断弦离柱箭脱手，飞电过隙珠翻荷。

还提到《诗经》和韩愈诗里边的例子，说是都不如苏轼这四句之中连用七个比喻这样生动。

《金刚经》里的有名的四句偈：“一切有为法，如梦、幻、泡、影，如露亦如电，当作如是观。”也是连用六个比喻，只是每个比喻只用一个字，不能唤起生动的形象罢了。这六个比喻后来就成为佛教徒中流行的术语，叫作“六如”。

说“达”

近来翻阅苏东坡的文集，看到他在给别人的信里谈到写文章，一再引用《论语》里的一句话：“辞达而已矣。”他说：“辞至于达，足矣，不可以有加矣。”（《答王庠书》）

什么叫作“达”，他对此有解释，他说：“物固有是理，患不知之。知之，患不能达之于口与手。辞者，达是而已矣。”（《答俞括书》）他又说：“夫言止于达意，即疑若不文。是大不然。求物之妙，如系风捕影。使是物了然于心者，盖千万人而不一遇也，而况能使是物了然于口与手者乎？是之谓辞达，辞至于能达，则文不可胜用矣。”（《与谢民师书》）你看他，把一个“达”字说得那么难！

按苏东坡的意思，“达”有两个方面：一是“所达”，就是他所说的事物固有之“理”；一是“能达”，就是“辞”，也可以说是这里有两个问题：要能对所要表达的事物有深入的认识，还要能够用恰当的言语把这个认识表达出来。苏东坡所说的“固有之理”或“物之妙”，用现在的话来说就是事物的本相，事物的真实性。文艺理论里的“写真实”含有不回避真实的意思，涉及文艺创作的方向问题，如果撇开这一层意思，那么，写真实是适用于一切文章的写作的。

是认识事物的真实难呢，还是把这个认识说清楚写清楚难？照苏东坡的说法，“使是物了然于心者，盖千万人而不一遇也，而况能使是物了然于口与手者乎？”似乎表达比认识更难。其实不然。“了然于心”是“了然于口与手”的前提，认识不深入，不真切，怎么能表达得好呢？即使你有本领把你的认识不折不扣地说出来或写出来，仍然免不了是粗糙的，肤浅的。写文章的人都有一个经验：写着写着写不下去了，追根究底还是由于没有想清楚，也就是对事物的真情实况没有认识清楚。比如两个形容词决定不了用哪一个，并不是这两个词本身有什么难于取舍，而是决断不下哪一个词更符合事物的真实。这是最简单的例子，比这复杂得多的问题有的是。相反的情形有没有呢？当然也有，要不怎么会有“非言可喻”“可以意会，难以言传”，甚至“言语道断”这类话呢？然而这毕竟是少数情况，多数情况说不清楚是由于认识不清楚。总而言之，认识事物的真实的确是谈何容易。

说到“真实”，我不避拆字的嫌疑，还想把这两个字分开来讲。“真”是真情，是本质，“实”是实况，是外貌；实是真的基础，真是实的提高。真比实更重要，可是离开实也很难得到真。画像有貌似与神似之分，貌似是实，神似是真。顾恺之给人画像，最后在脸颊上给人添上三根寒毛，这个人立刻就活起来。然而要是他没有先把脸形画得差不多，光有那三根寒毛也活不起来的。超现实主义者要在实外求真，多数人接受不了。

把这个道理应用到写文章上来，写一个人不仅是要写他的音容笑貌，写他如何工作，如何娱乐，更要紧的是要写出他的内心世界。倒不一定要通过大段的“意识流”的分析，却往往在一两句话、一两件小事情上流露出来，抓住这个，一个人就写活了。古人之中，司马迁最擅长这一手，后世的史传文章连篇累牍，很少能比得上《史记》里的二三千字甚至几百个字。我们记住一些有名的小说中人物，也无一不是首先想到他的某一两件事或某一两句话。同样，写一件事情，光写出前前后后的若干情节是不够的，要能把这些情节的内在联系交代清楚。写风景，也不能光写山是如何的青，水是如何的绿，要能写出它所以能叫人流连忘返的奥妙。因而写人就需要直接、间接地跟他交朋友；写事就要周咨博访，去伪存真；写景最好是住在那里一段时间，经历些个风晨雨夕，寒往暑来。一句话，得在认识上下一番功夫。光靠字斟句酌是不解决问题的。

议论文字是不是也适用这个道理呢？是不是只要持有正确的论点，或者叫作站对了正确的立场，文章的好坏全凭一支笔呢？恐怕也不能这样说。因为首先要知道这个论点是否正确，而这是要自己去辨别，不是可以请别人，不论是古人或今人，代做主张的。议论文字比别种文字更难写，不但是要对所议论的事物有足够的认识，还要对与此有关的事物有足够的认识，弄清楚这些事物相互间的错综复杂的关系，并且做出价值判断，才能决定赞成什么，反对什么。到了最后阶段，把自己得到这样一种认识的一切依据条分缕析地说给别人，使他不得不信服，这也比写别种文字更难。但是关键仍然在于取得对事物的真实即真理的认识。否则纵使你有如簧之舌，生花之笔，也只能鼓惑于一时，不能欺人于长久。不信，请看罗思鼎与梁效。

所以，写文章不仅仅是一个写的问题，这里边还有一个追求真理、服从真理的问题。凡是认识不清，或者不肯、不敢认识清楚，或者不肯、不敢照所认识的去写，都是不会写出好文章来的。

说应用文

什么是应用文？文艺作品以外的文字都是应用文。应用文跟文艺文有三点不一样。

首先，文艺文可写可不写。你想写而又有可写，那就写吧。你不想写，或者没什么可写，你就不写，没有谁逼着你非写不可（当然，这是说，你不是名作家）。应用文可不同，让你写就得写。比如说，开会让你做记录，你能不记吗？你参加了一个调查组，让你写调查报告，你能不写吗？这是第一点不同。

其次是读者。文艺作品写出来了，谁看，不知道。也许除某一刊物的编辑之外没第二个人看过。也许印在刊物上，有很多读者，可是你也不知道是谁、谁、谁，当然也就不知道是不是合乎他们的要求。应用文就不同了，读者是谁，一清二楚。会议记录是给参加会议的人以及跟会议内容有关的人看的。调查报告首先是给领导看的，也可能扩大到一定范围，但仍然是可以预见的。这是第二点不同。

又其次是内容和形式。文艺作品的内容可以由作者决定，他爱写什么写什么（当然要考虑社会效果），形式也可以由作者选择，他喜欢写小说就写小说，喜欢写诗就写诗。应用文跟这不一样。要你起草一个计划，你不能把它写成个总结。要你拟一个公函，你不能把它写成一封私信。内容也是规定了的，你不能写得不全，更不能把规定以外的东西写进去。

这样看来，写文艺文有很大的自由，写应用文受种种限制。可也正是由于这种差别，写文艺文似易而实难，写应用文似难而实易。指导写小说、写新诗的书似乎不多见，有也不见得有用。

我对于“修辞”的看法

有一本《修辞常识》书稿的“前言”里有一句话是“对语言进行修饰和加工”，这句话很容易引起一种错误的认识。好像说话写文章都可以先有一个朴素的“坯子”，然后对它进行修饰。这样做不会有好效果，反而会产生种种流弊。修辞学，照我的看法，应该是“在各种可供选择的语言手段之间——各个（多少是同义的）词语之间，各种句式之间，各种篇章结构之间，各种风格（或叫作“文体”“语体”）之间——进行选择，选择那最适合需要的，用以达到当前的特定的目的”。首先要考虑的是这三个因素：一、题材；二、对象；三、表达方式。题材：说一件事情的经过，解释一种自然现象，说明一种机器，介绍一个工厂，论证一种道理，发起一种运动，等等。对象，即读者或听众：什么文化水平，内行还是外行（对这一题材说），学生（要求系统些）还是实际工作者（要求结合他的工作），忙人还是闲人，等等；还有一种“混合对象”，各色人等都有在内，如广播听众。表达方式：首先，是书面还是口头，颇有分别。书面，是单篇文章还是一本书里的一章一节，是公开发表的还是供少数人参考的，等等。口头，是公开讲演还是小型座谈，还是三五人研究一个问题，是汇报还是传达，等等。这些因素决定当前的目的和需要，文章或讲话的长短深浅，庄重或者轻松，平铺直叙或者波澜起伏。一切词语、句式、修辞手法的选择都要符合这个需要。因此就不能说哪些词语、哪些句法、哪些修辞手法是绝对的好或绝对的坏（甚至有时不得不用“陈词滥调”，有时不得不用“生造词语”），就看用在这里合适不合适。如果把“修辞”只看成是“修饰和加工”，就很容易引导到“刻意求工”的路上去，于是“涂脂抹粉”“虚张声势”等流弊都出来了。

学文杂感

1. 写和改

好文章是改出来的。古今中外有名作家修改文稿的故事很多，我不想重复引述。我的看法是：下笔成文者有之，改而改坏者也有之，但都是少数。多数情形，甚至可以说是大多数情形，是改好了的。

不要写好就改。放它十天半个月，让它冷却，再拿起来修改。当时修改，除改正脱误外不容易有重要的修改，因为思路未变。也不要隔得太久一年半载，因为到那时，原来的想法已经忘了，会另有想法，写成另外的样子，跟原作是两回事了。

2. 晚改不如早改

写好之后，反复修改，反复查对资料，非常必要。排版之后可以在校样上改，但是受版面限制，不能称心地改，到了发表之后发现错误或措辞不妥，当然还可以“勘误”，可那就麻烦了，有的编者非常不愿意登勘误（家丑不可外扬？）。即使可以勘误，也不能在文句上做较大的修改。

3. 谁流汗

作者不流汗就要读者流汗。作者只一人，读者千千万。为多数人的方便牺牲一个人的方便是应该的。这也是一种民主。

4. 自学与从师

自学与从师其实是一回事，五十步与百步。不善学者，有人举一而自己不反三，等于没有老师。善学者没有人举一自己也能反三，自己是老师。看别人的文章就能悟出作文之道。如何开头，如何结尾，前后照应，口气软硬，何处要整齐，何处要变化，全都可以从别人的文章里学来。

有人要拜名师，名师是吕洞宾，他的手一指，你的文章就好了。没有这样的事。他只能指出一条路，路还是要你自己走。指路牌有的是，新华书店里的作文指导书还少吗？你怀疑这些书是否有用？我说：都有用，也都没有用。看你会不会用。主要是看好文章。不要囫囵吞枣，要细细咀嚼，自然会嚼出道理来。

语句次序（一）

语句的先后词序往往影响整体的意义或作用。流传下来的例子，如“屡战屡败”和“屡败屡战”，“虽事出有因，而查无实据”和“虽查无实据，而事出有因”，“法无可恕而情实可悯”和“情实可悯而法无可恕”，都为大家所熟悉。下面举几个现代的例子，虽然没有上面所说的那些例子严重，可是确实有一个较好和较差的问题。

（1）有一种卫生纸的包装纸上印着四行十六个字：“经济适用，吸水力强，质地柔软，欢迎选购。”这就不如“质地柔软，吸水力强，经济适用，欢迎选购。”先说质地，次说功能，然后说经济适用，这样的次序较为合理。

（2）“大凡拍马屁的，又总有其目的，或者想保住些什么，或者想获得些什么，因而也不是对谁都顺从、迎合、奉承献媚的。”这里的两个“或者……”倒转过来较好，“获得”在先，“保住”在后，虽然不一定指同一个人，也是顺着这个次序说比较合乎事理。

（3）“增产粮食是对咱们全国、全省、全公社头等重要的事。”这一句把“全国、全省、全公社”改成“全公社、全省、全国”较好。从较不重要的说到较重要的，这是一般的原则，在修辞学上叫作“渐增法”（climax）。原句的次序则是“反渐增法”（anticlimax），只有特别需要的时候才用得着。

语句次序（二）

下面这几个句子里的词序是值得考虑的：

就其含义来说，朴素唯物论者米列斯基对水的理解与2000年以后圣乔治依据大量科学实验事实所做的结论有着天渊之别。（《百科知识》1981年9期48页）

说“天渊之别”则前面所引事例应该是相当于“天”的在前，相当于“渊”的在后，否则会在读者的认识上引起混乱。

据市气象台预报：［十月］一至二日天气以晴为主，三日多云间阴，有零星小雨或小雨。（《北京晚报》1981年9月30日）

气象台预报有它自己的习惯，总是从小到大，比如“有小雨到中雨”。但是这里把同一名词的有修饰语的放在前面，把没有修饰语的放在后面，却正好跟一般人的习惯相反，“小雨或零星小雨”听起来更顺当。可以比较“够用或基本够用”，“获得丰收或大丰收”。

> 是站在八十年代的思想高度，用发展的眼光来看待他们呢，还是站在五十年代、六十年代、七十年代的思想水平，以凝固的眼光来看待他们呢？（《小说选刊》1981年10月号72页）

应用两歧设问的句法的时候，大多数情况是把意在肯定的一方说在后头，这里是倒过来了。

语句次序（三）

下面是新华社的一则电讯（1982年1月16日）：

新华社发出酵母丙氨酸转移核糖核酸人工全合成在上海胜利完成的消息后，广大读者非常注视，科学界人士也非常重视，引起了强烈的反应。

这一句的末了三个分句的次序最好能调整一下，这样：

……引起了强烈的反应，科学界人士非常重视，广大读者也非常注视。

“引起了强烈的反应”是比较抽象的总的说一句，然后具体落实到科学界人士，再附带提到一般读者。绝不能把“也”字放在“科学界人士”之后，好像以一般读者为主而科学界人士倒是陪衬。

除次序外还有两个小问题：（1）“引起”的主语是什么？我们在上面假定它是“……的消息”，但是也可能是“科学界人士”（按“引起”的新兴用法）。如果是后者，最好换一个动词，免得产生歧义。（2）“注视”的意思比较具体，有点“拭目以待”的味道，对于“广大读者”，似乎用“注意”较为合式。

一首诗的两种语序

唐朝诗人李涉有一首——或者应该说是“有一句”——有名的诗：

终日昏昏醉梦间，忽闻春尽强登山。

因过竹院逢僧话，偷得浮生半日闲。

末了这句“偷得浮生半日闲”是经常被人引用的。

宋朝有一位诗人有一天也是出游，信步走进一座佛寺，“颇有泉石之胜”，就把上面这首诗念了一遍。后来见了庙里的住持和尚，谈了一阵，觉得这和尚很俗气，就告辞了。那和尚请他题首诗留个记念，诗人一挥而就。诗曰：

偷得浮生半日闲，忽闻春尽强登山。

因过竹院逢僧话，终日昏昏醉梦间。

同样四句诗，头一句跟末一句倒了个个儿，意思大不相同。这个故事见于元朝白珽的《湛渊静语》。

关于中学生与文艺

关于中学生与文艺，我不敢说有什么周密的观察或深长的思考，只是我当过中学生，教过中学生，而现在又有当着中学生的儿女，根据这些较亲切的经验来回答编者的询问。

根据我的经验，十个中学生里大概有六七个爱好文艺读物，其中又有一两个喜欢自己写写。

中学青年喜欢看文艺作品——更确切一点说，最喜欢看小说，其次剧本，又其次才是诗歌和散文——跟小学生喜欢听故事同出一个根源：喜欢知道别人的事情，人类好奇心的一面。所以过去，乃至现在的，冬烘“塾师”禁止学生看小说是徒然的。我的塾师禁止我看小说，但是我依然看了很多小说；我当中学教师时从来不禁止学生看小说，甚至在课堂上也通融。我是这么想，若是课本不足以吸引他的注意，即使他不看小说，他也会一心以为鸿鹄将至的。

一般爱读文艺的青年并不爱去研究文艺理论。由于他们的年龄，我觉得也无须要求他们去做理论上的探讨。文艺的特点就在能潜移默化，感人于不知不觉之间；不懂得文艺理论，一样的能得文艺的益处。

文艺在教育上有很大的价值。文艺作品扩大青年的人生经验，虽然是间接的。有许多青年喜欢活动，喜欢到处跑，做这做那，跟熟人谈话，跟生人谈话，这种青年不读文艺也还是在扩大他的人生经验。但另有一种青年，不喜欢活动，所谓“弱不好弄”，倘若再连小说都不看，结果是像暖房里长大的植物，一出家庭或学校的大门，“天真”得可怜。

对于哪种小说看得哪种小说看不得，我觉得就应该用上面的话来做衡量的标准——给予青年以真实的人生经验的是看得的，该看的；给予青年以虚伪的人生经验的是看不得的，应该摒弃的。但是其中又该有个分别：说也奇怪，倒是幻想的神怪的作品没有大害，因为十二三岁以上的少年，倘若不是白痴，是会知道人是不会飞的，剑也是不会飞的。（而且在我个人的私见，全然幻想的作品是应该间或读一读的，只要作者是把它当作幻想提供出来的。）反而“才子佳人”一类的wish-thinking（一厢情愿的想头）是绝对要不得的，是麻药。“才子佳人”只是麻药的一种，这里面应该包括“贫儿暴富”“天下太平”一切等。而且跟一切别的相同，麻药也是来路货利害，美国的好莱坞和一角美金的刊物是它们的大本营。总之，不冒充现实生活的不必提防，要提防的是貌似孔子的阳货，正如套在脸上的“张飞脸”不必提防，真皮肉做的假脸要提防一样。当教师的应该以在这方面指导青年为自己的责任，同时也是一种愉快。

大多数中学生爱读文艺，想写写的毕竟是少数。只要不把写新诗、写小说当作唯一的事情，没有什么害处。壁报和油印小刊物往往是作家的摇篮，未可厚非。

但是文艺读物影响青年的文字，不限于在这些青年作家身上。那些不写文艺的中学生，在他们的课作上、通信上，处处显示所受课外读物的影响。有人说，中学生模拟文艺笔调，以至普通文字都写不好了。这是由于他模拟错了，或是模拟错了人。平心而论，有些流行的作家在这件事情上是应该负点责的。外国的中学生读的课本多半是文艺作品，教师鼓励他们模仿，没有听见说因此文字不通。指导青年模拟哪一种笔调，如何模拟，这又是语文教师应有的责任。但如教师放弃这个有力的工具，禁止学生看小说，强迫他们背诵《离骚》或《易经》，或“国定本教科书”，那就一切无从读起了。

文风偶记

（一）

文风问题牵涉到许多方面，从思想方法到选词、造句、使用标点符号，都有关系。（甚至原稿的清楚或潦草也未尝不可包括在文风之内。字迹潦草、错字、落字好像也已经成为一种风气，一种要不得的歪风，不但给编辑、排字和校对工作者添麻烦，而且也容易在印件上出错。）大问题我谈不好，这里谈的只是读书看报的时候随手记下的一些小事情。本来想用“文风识小”做题目，一想，不对，这“识小”二字对好些读者是费解的。白话和文言的斗争好像已经过去了，可是文言这东西源远流长，积累了不少成语和典故，对于写文章的人还是具有极大的诱惑力，尤其在拟一个标题什么的时候。我的意思不是说成语和典故用不得，是说得为现代的读者设想，非必要不用，不是一般人所熟悉或者一看就懂的不用。最近在报上看到一条新闻的标题，就觉得大可斟酌。这条新闻的标题是“伊拉克山雨欲来／近二百名军官被捕”。孤立起来看，“山雨欲来”这四个字在这里可说是形容恰当，可是如果作者不给读者一点儿帮助，许多读者是不会懂得这四个字的涵义的。但是这条新闻本身只说：“伊拉克当局逮捕了伊拉克陆军的192名军官，罪名是策划政变。正在继续大批逮捕爱国人士。”读者还是不懂标题里那四个字是什么意思。如果能在最后加上一句“伊拉克政局大有‘山雨欲来风满楼’之势”，读者就明白了；否则，最好不要在标题里边用上这四个字。

（二）

我曾经写过一篇短文，说新闻报道必须注意数目、日期、地点的正确性，最近又看见一篇报道，那里边的地理方位没交代清楚，会引起读者的疑问。这篇文章是《旅行家》四月号里的《新兴的石油城——克拉玛依》。作者描写这个城市的形状，“是从西而北的长方形”，这句话很费解。“从西到东”，“从南到北”，都好懂，“从西而北”是怎么个方向呢？仔细揣摩之后，才知道是“从西南到东北”的意思。问题还没完全解决。这个城市既然是长方形，这从西南到东北的方向是长边的方向呢，还是短边的方向呢？这一点作者始终没交代。

作者接着描写这个城市的居民区："长方形的西北边是居民区，东南是工业区，中间留着几百米准备栽培绿化林带的空地。在居民区，一条从西而北的宽阔主干马路把居民区劈为两半。……我从这条马路上漫步到市中心。……我在市中心送别了一辆辆开往油田的汽车之后，沿着这条马路向西边的居民区走去。"问题又来了。居民区在西北边，工业区在东南，那么，中间的空地是西南—东北走向。居民区的主干马路又是"从西而北"，如果还是"从西南到东北"的意思，这条马路就和作为居民区和工业区分界的空地平行，沿着这条马路漫步就到不了市中心。按城市规划的一般情况来判断，这条主干马路该是跟那空地垂直相交的，市中心就在这条马路接近空地的一段，那么，它的走向该是西北—东南，就不可能还是"从西而北"。底下说从市中心往居民区走去是"向西"，也难于理解，因为照作者上文的描写，无论怎样解释，这条马路不是西北—东南向，就是西南—东北向，绝不会是正东—正西向，"向西"的意义就很不明确。

另一个问题是成吉思汗山的位置。作者住在招待所，"第二天清晨，当黎明的晨曦刚越过成吉思汗山尖投射在窗户上的时候……"这只能理解为成吉思汗山在招待所的东方。可是作者在下文再提到成吉思汗山的时候，说是"绵延在市郊西北边”。把这两处的叙述对照起来看，成吉思汗山在城市的西北郊，招待所又在它的西方，那就到了遥远的郊外了。招待所设在郊外，不大近情理，而且作者在上文也说过，“走出招待所的门向四周望去，四面一片建筑物一直延伸到远方”，可见这招待所离市中心不远，绝不在郊外。那么，这成吉思汗山到底在克拉玛依城的哪一边呢？

东南西北、上下左右，也许有人认为是小问题，搞错点儿不算什么。我不敢苟同。

（三）

同一期的《旅行家》里还有一篇《金色的布拉格》，那里边也有些小问题，主要是词句方面的。

在文章的第二段就有这么一句：“沿途风景的特点就是果园、麦田和河谷上面都生长着茂密的森林，苍翠可爱，草地上牛羊成群，看不到一亩未开垦的土地，真是一片美好的国土。”河谷里有森林，这是很普通的。果园里有森林，就不大好讲：果园里有果树，可是不会“茂密”，一般也不称为森林。至于麦田里生长着茂密的森林，那就很难想象了。（**这里的问题在于“上面”二字。捷克境内多山，山上有森林，山下有果园和麦田，有河谷。光用“上面”二字如何能把这情况说明白呢？**）草地上牛羊成群，可见草地不少。草地能不能算开垦的土地呢？恐怕不能。那么，“看不到一亩未开垦的土地”的说法也还欠周到。

下面的一段有一句是：“沿河西岸峻峭的山壁，消失在列特林平原里。”这一句描写的山川形势不够清楚，“山壁”怎样“消失在平原里”，实在不大好懂。如果是山坡缓缓而下，以至于无，那就不能叫作“峻峭”。

底下的一句是：“密密茂茂的花丛绿荫衬托着巍峨壮丽的宫殿和尖塔，交织成一幅壮丽多姿的画面。”“花丛”好懂，“绿荫”也不难懂，可是连成一片，再加上形容词“密密茂茂”，反而有点形象模糊起来了。不知道是“花丛的绿荫”呢，还是“花丛和绿荫”？前者不好讲，后者则按汉语的习惯这四个字要闹不团结，不比“花丛树底”“繁花绿荫”什么的。再说“壮丽”这个形容词。作者所要刻画的画面的一个组成部分是宫殿和尖塔，它们的美学性质是“壮丽”。画面的另一个组成部分是花和树，用它们衬托宫殿和尖塔，交织成一个整体。这个整体的美学性质又是什么呢？还是“壮丽”！——不错，底下还有一个形容词“多姿”，可是这“多姿”也生疏得很，它究竟是怎么个意思，加在“壮丽”之后又该怎么讲呢？

除了这一类词句问题，也还有事实问题。“自从英勇的苏联红军解放了捷克以后，布拉格不再是封建帝王游玩享乐的地方……”作者忘了奥匈帝国的瓦解是在1918年，这以后布拉格就“不再是封建帝王游玩享乐的地方”。虽然从1918年到1945年这二十七年中，捷克的政权操于资产阶级之手，可是名义上总算是一个共和国，已经只有总统，没有皇帝了。

文风问题杂感

文风问题是个大问题，并且是个容易引起争论的问题。就拿一般所说的“假、大、空”来说吧。你说这篇文章说话不老实，他会说：要是把真相和盘托出，必然引起种种误会，造成混乱。你说这篇文章未免夸大，他会说：不这样就不能满足人们的希望。你说这篇文章净是空话，他会说你没看出其中的奥妙。总之，凡是写文章的人，十个有九个都认定文章是自己的好，什么“一字为师”等都是神话。有鉴于此，过去凡是报刊来约稿，让谈谈文风问题，我总是尽量推辞，实在推不了的时候就谈些无伤大雅的小问题，估计到有关文字的作者会一笑置之。现在文风问题已经难得有人谈起了，我把这些零散片段集合到一起，又加进去一些新近见到的材料，供将来写文章的人参考，如果他们愿意参考的话。例子虽然不多，涉及的方面不少，以类相从，略分九节。总题《文风问题》，又加“杂感”二字。

（一）言之无物

言之无物就是说空话。刚才说不谈说空话的事情，现在又拿来做题目，实在是因为在古书里发现两个百分之百的说空话的例子，非常有趣，忍不住要抄来供大家欣赏。

宋朝曾慥《高斋漫录》里有一条：

（1）徐师川之族兄少赴举场，试《圆坛八陛赋》，终日不能下一字。乃大书试卷云："圆坛八陛，八陛圆坛。八陛圆坛，既圆坛而八陛；圆坛八陛，又八陛以圆坛。"榜出，阳为失意状。或调之曰："吾兄所以被黜，正由小赋内不见题故也。"至今传以为笑。

洪迈的《容斋随笔·四笔》卷七里有一篇《人焉廋哉论》，与此相似而又过之。《论语·为政》有一处"人焉廋哉"："子曰：视其所以，观其所由，察其所安，人焉廋哉！人焉廋哉！"《孟子·离娄》也有一处"人焉廋哉"："存乎人者，莫良于眸子。眸子不能掩其恶。胸中正则眸子了然，胸中不正则眸子眊焉。听其言也，观其眸子，人焉廋哉！"这"人焉廋哉"四个字，《论语》里说了两遍，《孟子》里只说了一遍，于是一位太学生（类似今天的大学生）就此"戏作一论"：

（2）知人焉廋哉之义，然后知人焉廋哉，人焉廋哉之义。

知人焉廋哉，人焉廋哉之义，然后知人焉廋哉之义。孔子所云人焉廋哉，人焉廋哉者，详言之也。孟子所云人焉廋哉者，略言之也。孔子之所谓人焉廋哉，人焉廋哉，即孟子之所谓人焉廋哉。孟子之所谓人焉廋哉，即孔子之所谓人焉廋哉，人焉廋哉也。夫人焉廋哉，人焉廋哉，人焉廋哉，虽曰不同，而其所以为人焉廋哉，人焉廋哉，人焉廋哉，未始不同。

这些都是赤裸裸的空话，事实上是极难遇到的。但是明清两代五百多年中，几百万、几千万应科举的读书人所写的亿万篇八股文不就是上面的《人焉廋哉论》稍加梳妆打扮的东西吗？现在是没有人写八股文了，但是八股气似乎并未绝迹。试拟一例：

（3）我们知道，要做好某一件事情，就得懂得这件事情的规律，写文章也不能例外。了解了写文章的规律、原则和方法，写作的时候就有所遵循，就有可能自觉地根据写文章的规律、原则和方法去完成一篇文章的写作过程，就有可能运用这些规律、原则和方法去解决一篇文章的写作过程中所遇到的问题。

当然，这是简化了的样品，实际遇到的绝不会这么简单，是要花点功夫才能认出来的。

（二）莫测高深

有些文章，初看不懂，再看一遍或两遍，懂了，或者基本上懂了。这是一种情况，我们说这种文章晦涩。另外一种情况，一篇文章初看不懂，再三地看，还是不懂。可是你也不敢说这篇文章没有内容，你只能承认你所受的语文训练不适合看懂这种文章。这样的文章我也先举一篇拟作：

（4）绘画作品从自我出发的形式观念，造成了一种共时变化的形式类聚与生成性的增强，对自我意识的逆反心理，以及人类自卑感的反向心理，产生了共时的变化，达到自我精神的升华，并及内心视象。对形象价值的尊重，诸如佛罗伦萨的灵感的癌变，视觉旋律的归位，取得可变心意的律动。三维思考的朦胧反馈，实体动态的进取，必将留下意念的阶越，表达一个多元的、自主的、信息的、反差的世界。（《讽刺与幽默》1987年5期，作者郭常信）

凡是拟作总难免夸大，但绝不会是无中生有，总是有原型的。下面是一件货真价实的样品，是1987年12月1日的《人民日报》上的一位作者在他的文章《唬人的招数》里引用的：

（5）人格内在机制的形成程序是与社会文化渗透的社会化程序同构的，因此在探微形象个体的文化心理机制时，应注意它与地域文化情境和时间限度的同一性。（我曾经试着把这一句译成英语：The formalive procedure of the internal mechanism of personality is isologous to the socialization procedure of socio-cultural permeation，so when we search for the cultural-psychological mechanism of image-individuals，we must pay attention to identity between it and the regional cultural situation and time limitation. 这是很忠实的翻译，但是有哪一位懂英语的人能猜出这句话的意思呢？）

《唬人的招数》的作者解之曰："其实不过是在说艺术作品中人物形象的性格形成与这形象生活着的社会环境以及这环境的历史演变的关系。"

经过这一番破译，这一路文章跟前面讲的行文晦涩的文章的区别就出来了。晦涩的文章有作者自己的思想要表达，只是没有做到，也许是难于做到，深入而浅出。而"唬人的招数"多半是浅入而深出，其内容往往在一般读者的常识范围之内。这样，它跟前边所说的言之无物的文章就成为一具盾牌的两面了。最近在一本外国书里看到一段类似的议论，现在也把它抄在下面，可见这种文章到处都有：

> 专门化的语言也可以被人们误用，或者可能变成一种面具，用来掩盖原来想要表达的真实意思，或者用以掩盖原来就没有什么东西可说这一事实。（Michael Gregory and Susanne Carroll：*Language Varieties and their Social Contexts*，Chap. 3）

（三）成语的误用和滥用

不知道从什么时候起，四个字的成语成了某些写文章的人的宠儿。成语这东西，偶一用之，并且用得恰当，的确有助于文采。可是，首先得了解这个成语的真正意义——大多数成语是比字面上的意思要多点儿什么的。不懂得这个涵义，就会用错。举三个例子。

（6）第一个例子是“东山再起”。这个成语的起源是东晋时候的谢安一度出仕，不久就辞官隐居东山（《晋书》作“东土”），后来时局变动，他又出来做官，不久做了宰相。现在常常看见被人误用，例如说一个犯罪集团被破获，“虽然余党暂时销声匿迹，可是不知道什么时候又会东山再起”。把溃散的匪徒比喻为隐居的名士，显然是不恰当的。

（7）第二个例子是“偃旗息鼓”。1985年5月31日的《人民日报》第三版有一条新闻，标题是《全国武术比赛偃旗息鼓》。这是什么意思呢？是不是比赛遇到了障碍？还是谁下了停止比赛的命令？没有呀。那为什么要“偃旗息鼓”呢？再看新闻的正文，原来是“本报银川5月30日电：精彩纷呈、场场爆满的全国武术比赛今天在这里圆满结束”。难道“偃旗息鼓”就是“圆满结束”的意思？查查《辞源》看。《辞源》在“偃旗息鼓”这一条中引了两个出处：1）《三国志·卷三十六·赵云传》注引《赵云别传》：“更大开门，偃旗息鼓，公（曹操）军疑云有伏兵，引去。”——赵家军和曹家军的仗没打成，谈不上圆满结束。2）《旧唐书·卷八十四·裴光庭传》：“突厥受诏，则诸蕃君长必相率而来，虽偃旗息鼓，高枕有余矣。”——不用打仗了，也就无所谓结束了。《辞源》还附带说明，“也作卧旗息鼓，见《三国志·诸葛亮传》注”，引的就是后来京戏里的《空城计》的故事，也是仗没打成。敢情“偃旗息鼓”跟“圆满结束”不是一回事，中间不能画等号。

（8）第三个例子是“成也萧何，败也萧何”。《人民日报》1988年2月14日第一版有记者访问雷宇的谈话记录。记者对雷宇说：“说得更为坦率而具体些，在权力的使用方面，你既有经验，也有教训。‘成也萧何，败也萧何’，人们更关心你对使用权力的看法，做成功的萧何而不做失败的萧何。”这可就大大地误会了。“成也萧何，败也萧何”是说韩信的遭遇，当初投奔汉王刘邦，登坛拜将，是由于萧何的推荐，后来让吕后诓去杀了也是萧何出的主意。

爱用成语就难免要滥用，滥用就常常会用得不恰当，甚至会杜撰。下面引两个例子，出处失记。

（9）扮演总理的演员用精湛的表演再现了总理在江青的要

挟面前临危善战，坚持原则的风貌，揭示了总理在世事艰难、病势沉重的日子里胸有成竹、回肠荡气的内心世界，令人难忘。扮演朱委员长的演员较好地掌握了朱老总耿直厚道、忠心为党、疾恶如仇的性格特征，表现了一个炉火纯青的老一辈无产阶级革命家对江青毫不容情地撕皮剔骨的驳斥的崇高形象。

（10）书中描写的场景规模大，人物多，斗争错综复杂，情节生动，使人目不暇接，饶有兴味。但作者写来却很从容，有条不紊。作者还不断变换自己的笔墨，时而大开大阖，时而细致入微；时而金戈铁马，时而晓风残月；时而紧张到密不透风，时而诗意地抒情，令人心旷神怡。

有时候记忆不真，胡乱窜改，使成语不成为成语。例如：

（11）“巴”片（按指影片《巴山夜雨》）获得的诸项大奖实是名至实归的。（1981年6月20日某报，报名失记）

“实至名归”是成语，意思是质量高了，名气自然就大了。“名至实归”怎么讲呢？难道可以说名气大了质量自然就高了吗？

至于把成语里的字写错，那也是常见的。例如把“振振有词”写成“阵阵有词”，把“长此以往”写成“常此以往”，等等。有两个成语的写法恐怕已经难于改回来了：“毕恭毕敬”（原为“必恭必敬”），“不究既往”（原为“不咎既往”）。

还有一种毛病是把四个字的成语去掉一半用一半。有两个例子：

（12）华罗庚不渝地深入生产实际找课题的精神也受到党和国家的高度评价。（《人民日报》1985年2月4日第三版《在千百万人之中》）

（13）世上没有十全十美的人和事，没有现成的幸福，全靠想得开，靠相互谅解，靠争取，靠奋斗……唉，我也说不好，反正，你心领就是了。（《当代》1984年6期199页）

例（12）是把“始终不渝”的“始终”去掉，只剩下“不渝”二字，没法儿讲。例（13）是把“心领神会”的“神会”去掉，只剩下“心领”二字，倒是可以讲，却是另外一种意思了。《现代汉语词典》：【心领】客套话，用于辞谢别人的馈赠或酒食招待等。

（14）还有一件事情需要注意的是现代的读者对于古典文学不一定熟悉，因而在文章里用成语要考虑到读者即使不知道这几个字的来源，也能懂得它的意思。忘了是五十年代的哪一年，在报上看见一条新闻的标题，是“伊拉克山雨欲来／近二百名军官被捕”。如果作者不给读者一点儿帮助，许多读者是不会真正懂得“山雨欲来”这四个字的涵义的。但是这条新闻本身只说：“伊拉克当局逮捕了伊拉克陆军的192名军官，罪名是策划政变。正在继续大批逮捕爱国人士。”读者还是不懂标题里那四个字是什么意思。如果能在最后加上一句“伊拉克政局大有‘山雨欲来风满楼’之势”，读者就明白了；否则，最好不要在标题里边用上这四个字。

最后，对爱用成语的同志们说几句也许是不中听的话。不错，汉语有丰富的宝贵遗产，值得我们骄傲。可是毕竟一个时代有一个时代的语言，现代人说现代话，听起来有一种亲切感，好得很。干吗老想掏老祖宗的兜儿呢？依我说，我们做人要做现代人，写文也要写现代文。多向前看，少向后看，这不很好吗？

（四）四字语

成语以四个字的为多，但不一定凡是四个字的组合都是成语。成语是固定的，一般四字语不怎么太固定；成语很少连着用，四字语常爱连着用。谁最喜欢多用四字语？中学生和小报的投稿者。

听说中学老师乃至小学老师之中很有些人，指导学生作文，首先要他们“储备”精彩的词语，用个本子抄下来，作文的时候打开本子来找。早几年还曾经看到过一本讲成语的书稿，作者鼓吹多用成语，不遗余力，特别推荐下面这段新闻报道作为范本，说是如何如何的好，是了不起的“佳作”。

（15）丹东三面环山，一面临水，山光水色，引人入胜。西哈努克亲王和夫人，英萨利特使和其他柬埔寨贵宾们小憩之后，登上锦江山顶的锦江亭，凭栏远眺，俯瞰全景。山上佳木葱笼，江里春水溶溶，远近屋宇栉比，舟车往返频繁，呈现出一片生气勃勃的景象。西哈努克亲王意兴盎然，谈笑风生，不时拿起望远镜浏览景色，赞扬丹东市的建设成就。

“佳作”当然谈不上，但还算得是通顺。下面这一段就连通顺也成问题了。这一段见于某一个文摘报。

（16）《争鸣》第三期发表艾斐撰写的文章，认为红学界对《红楼梦》的研究越来越离开了《红楼梦》的本体内容，不在“书内”所含蕴、所潜在的思想意义、创作倾向、表现手法和艺术技巧上，下功夫进行研究和探索，而是津津有味地在“红外学”“红外线”上唯芥是较，烦琐考证，猜谶探佚，穿凿绎义，畸言喋冗，龃龉频仍，以至于仅仅为了与《红楼梦》本体内容并无多大关系，甚至完全没有关系的一首诗、一幅画、一竿竹子、一丛菊花、一个谜语等等，也要轮番连篇讲演，交相累牍著文，虽已唇焦文滥，仍旧存疑无终。好像《红楼梦》不是一部小说，而倒是一件出土文物，需要像考古学家那样，对其内在微末和外及小芥也拆析论证，侧测穷极，以至于形成了这样一个共同的客观效果，即《红楼梦》这部伟大的现实主义文学杰作，离开我们社会主义的文学现实越来越远了，与文学界越来越隔膜了，对文艺理论研究和文学创作实践的积极意义和借鉴价值越来越疏淡和微小了，从而使文学界不那么愿意问津和染指红学界和《红楼梦》的事了。（胡聿摘）

这段文字里边的生造和误用的词语的比率之高是罕见的。因为没有找到《争鸣》里边的原文，所以无从断定这些妙语是艾斐同志原文所有还是胡聿同志的创造。如果是后者，艾斐同志完全可以提出抗议，我想。

治这种毛病并不难。有一个验方：请人照念，念不下去或者听不懂就改，改到能够听懂为止。

读这样的文章，像是躺在夜车的卧铺上，听车轮在铁轨上行驶，发出均匀的咯噔咯噔之声，引人入睡。

（五）转文和生造

现代人写文章应该用现代语言，这是不成问题的。有些作家对古典文学有修养，在文章里用上些文言词语，能够做到水乳交融。但这不是很容易做到的。没有这种修养而轻易尝试，多半会弄巧成拙。下面是两个例子：

（18）我国足球队在迭遭失败后，连克五关，挂冠而归。（出处失记；把“挂冠”误解成夺得桂冠。）

（19）考古发掘出土的古物遗骸，都不得不送到外国去鉴定……不仅耗时耗钱，还得以“央求”“看别人脸色”的态度屈就。（《光明日报》1984年11月27日，二版：“古物”中间落了个“生”字；这里该是“仰求”，不该是“屈就”。）

由不恰当而不通，是很容易跨过的一步。不通的例子：

（20）富于感情，易冲动，一瞬之间，为之所感动！……又恰恰正好与其共有同好。（《小说选刊》1984年12期）

（21）却新式水泥楼阁立锥地而拔起……但他装傻，取人以悦，只是憨笑……他不收我的竹子，我有何奈？（《小说选刊》1986年5期）

喜欢转文的人也就爱好生造词语。生造词语是经常会遇到的，这里只举少数几个例子：

（22）砍刀就静落，亮亮的，像失遗的一柄弯月。[出处同（21）]

（23）犹如世上的一切建筑物那样，忠实而简扼地铭刻着社会的沧桑……免去他们到内地采购工艺品的劳程。（《人民文学》1984年8期）

（24）未满十五岁的男子跳高新秀柯文程，近在台湾一次田径分龄赛中创造一米九七佳绩。（《光明日报》1984年11月27日）

（六）是耶？非耶？

没有一个人能够无所不知，无所不晓。写文章的时候只有多存一个心眼儿，遇到没有把握的事情，查查书，问问人，只有好处，没有害处。很多人或者太相信自己，或者为了赶任务，在文章里留下错误，事后发现，往往难于改正。举几个例子：

（25）位于江苏省北部的泗洪、洪泽、盱眙、泗阳、沐阳、宿迁、高淳、邳县和灌云九个县……（《光明日报》1984年11月7日第一版）

按：高淳县在江苏省南部，与泗洪等县相去甚远。

（26）蔡元培出身科举，为清末翰林学士。（《人民日报》1984年11月19日第五版）

按：蔡元培曾任清朝的翰林院编修，不是翰林学士。清朝也没有翰林学士这么个官职。

（27）大妹，把“光绪二年”改一下，写成“1910年”。（《人民文学》1987年11期）

按：光绪二年是1876年，1910年是宣统二年。

（28）自从英勇的苏联红军解放了捷克以后，布拉格不再是封建帝王游玩享乐的地方。（《旅行家》1958年4期）

作者忘了奥匈帝国的瓦解是在1918年，这以后布拉格就“不再是封建帝王游玩享乐的地方”。从1918年到1945年这二十七年中，捷克已经是一个共和国，只有总统，没有皇帝了。

（29）比如美国在19世纪30年代以后，几乎可以使美国森林毁灭的砍伐，以及不仅因为二次世界大战、政治家的功绩，也因为制止了这一场砍伐而名留青史的罗斯福总统。（《新观察》1988年2期）

这个例子取自长篇报告文学《伐木者，醒来！》。这是一篇非常感动人的好文章，可是这里把两个罗斯福说成一个人，就成为白璧微瑕了。按制止森林砍伐的是老罗斯福（Theodore Roosevelt，1858—1919），领导美国参加第二次世界大战的是小罗斯福（Franklin D. Roosevelt，1882—1945），他们不是一个人，也不是父子或叔侄，只是沾点亲就是了。

（30）（丘吉尔竞选，他知道英国的普通选民对上层社会爱用法语显示高雅非常不满，）故意读错外国人名，每次将Marseilles（法语，先生）读作Mar-sales。（期刊，刊名和年、期失记）

这可真是强不知以为知了。Marseilles不是人名，是地名，就是大家都熟悉的“马赛”，不是什么“先生”，“先生”的法文是Monsieur。即令是“先生”，也只是一个普通名词，不是哪一个人的名字。

（31）阳春三月，青海省黄河湟水沿岸农业区麦苗吐绿，杨柳返青，五万亩果园也繁花似锦，争妍斗艳。（日报通讯，报名和日期失记）

这段文字见报之后，就有“青海一读者”来信说：“青海主要是春小麦，阳历三月在气候较暖的地区小麦也刚出芽，大地还不见绿色，在西宁、湟源等地有相当一部分地区春播还没完毕，已播的小麦也还没出芽。再说果园，新闻见报时这里杏花还没开，梨花更不用说，哪来的繁花似锦？”可见作者写的不是亲眼所见，而是想象之词。

以上（30）（31）两例已经由不虚心升级为不老实了。

（七）啰唆和累赘

很多人说话啰唆，一句话颠来倒去说几遍，可是拿起笔来写文章，一般都比较干净。但是也有不避重复，可简化而不简化的。这里举一个篇幅不长的例子：

（32）为加强基础理论工作和准备参加1980年将在广州召开的国际性粒子物理会议，中国科学院最近在郑州举行全国超对称性和超引力问题学术讨论会，对超对称性和超引力的问题进行研究和探讨。

“超对称性”和“超引力”是70年代在国际上才引入物

理学中的新概念。在这次会上，介绍了当前国内外对于超对称性和超引力问题研究的情况，本着百家争鸣的精神展开了热烈的、自由的学术讨论，在某些问题上提出了一些新见解。（《光明日报》1979年11月17日）

这里边，加点的字句都可以删去，加圈的地方可以用“这两个”替代。文章的长短决定于内容。如果每一句每一字对于内容的表达都不可缺少，多长的文章也不算长。如果其中有对内容没有贡献的字和句，文章虽短，也是太长了。这也就是鲁迅先生所说“竭力将可有可无的字、句、段删去，毫不可惜”的意思。

跟啰嗦同样叫读者不耐烦的是累赘，它的典型形式是在句子里边出现一个特别庞大的成分，让读者一路念下去没有喘口气的机会。这可以称为句子里的大跨度。下面举两个例子。

（33）当前，抓评定编辑业务职称工作，就是加强编辑队伍建设的重要措施之一。大力抓好这项工作，对于进一步落实党的知识分子政策，加强对编辑的培养、考核和合理使用，鼓励编辑学政治、学理论、学文化、学业务、学各种有用的知识，充分发挥编辑的积极性和创造性，建立起一支革命化、年轻化、知识化、专业化、能够适应社会主义现代化建设需要的又红又专的编辑队伍，具有十分重要的意义。

“对于”之后要经过五个停顿（逗号）、一百零八个字才接上“具有十分重要的意义”，这是对读者的耐性的考验。

有没有改善的办法呢？有。在每个逗号之后都重复一下“对于”，可以起到缓和的作用。但这不是根本解决的办法。根本解决的办法是删去“具有十分重要的意义”，把“对于”改为“有助于”。没有什么非用“对于”不可的理由。

（34）琼瑶、三毛热的出现，对我们过去片面地强调文艺为政治服务，只注意文学作品的思想性，而忽视文学作品的愉悦性；只强调文学作品的教育性，而忽视文学作品的娱乐性；只强调文学作品的严肃性，而忽视文学作品的通俗性；只强调高大全人物的创造，而打击“中间人物”的出场；只准歌颂题材的作品出版，而禁止爱情题材的作品问世等弊端的一种警戒和补充，所以……

“对”跟“弊端”中间一共有一百二十七个字，这个定语真是够长的了！定语长了容易在结构上纠缠不清，把读者引入歧途，现在这个长定语倒没有这个毛病，因为它用的是一系列的并列结构。大概这是作者有意这样安排的。但是要读者一口气念一百二十多个字才找到“对”字的宾语，才能喘口气，这在修辞上为得为失，还是大可商量的。

这么长的定语不光是让读者念起来吃力，连作者自己也搞糊涂了：他写“对”字的时候本来打算在“对……弊端”之后来一个动词的，可是写到“弊端”二字的时候连他自己也忘了这档子事儿了，于是这个句子就缺少了一个一般不能缺少的谓语动词，成为“琼瑶、三毛热的出现，对……弊端的一种警戒和补充”，这是不像一个句子的。如果作者在写完之后再念一遍，发现这是个问题，于是在“对”字前面加个“是”字，问题也就解决了。（问题之外的一个问题：“对……弊端的警戒”好讲，“对……弊端的补充”怎么讲？）

（八）从自然到做作

下面是曾经在竞赛中得奖的两篇中学生作文。

（35）我的家庭有四个成员：爸爸，妈妈，妹妹，还有一个——不用说就是我了。

我特别喜欢爸爸。他高高的个子，谈吐举止常常惹人发笑，但当他对什么不满意的时候，我又有点怕他。

妈妈搞地震研究工作，一天到晚总是那么忙，忙得几乎顾不上我们。妹妹只有八岁。我和她既是姐妹，又是冤家。当我管她的时候，她总是：“你管得着吗？”说罢还常常送给我一个白眼。要不是妈妈在旁边，我非给她两下子不可。

你瞧，这就是我的家庭，一个又有快乐又有“斗争”的家庭。

（36）你见到过山路吗？有时，它在绿树丛的掩映下断断续续；有时，一片浮云飘来，这本来就若隐若现的山间小径便干脆消失于其间了；还有时，那巍峨险峻的高山，根本没有一条路可以通向它的顶点，而一旦有勇敢的攀登者历尽艰辛，登上这高山之巅，那么他就可以尽情地领略那万千气象，无限风光。

书山，难道不也是这样的吗？书山是知识之山，智慧之山。向往书山之心，恐怕人皆有之。但是，有些人仅仅是“高山仰止”而畏山却步；有些人虽一时兴起，在山崖险路之上洒落过一些汗水，但终因荆棘满山，险石环生，半途而废，甚至在高峰前面“功亏一篑”。只有那些不畏艰险，披荆斩棘，攀藤跃石的勇士，才能登上光辉的顶点。

前一篇是初中学生写的，后一篇是高中学生写的。从表面上看，前一篇有点稚气，后一篇老练多了；前一篇词汇浅显，句法简单，后一篇词汇丰盛，句法繁富。可是给读者的总的印象是后一篇不如前一篇。为什么？前一篇的作者说的是自己的话，读其文如见其人；后一篇的作者说的是套话，闻其声不见其人。简单说，前一篇自然，后一篇做作。

值得注意的是这两篇在一定程度上分别代表现在的初中学生和高中学生的文风。我们当然不希望我们的青年的写作永远停留在（35）的水平上，但是这个方向是对的，要自然，要说自己的话。与此相反，像（36）那种不谈自己的感受而罗列些人人都得点头的套话，发展下去就有跌进说空话的泥坑里去的危险。

（九）真假风格

常常遇到这样的情形：两个人同看一篇文章，一个人说它有这样那样的毛病，另一个人说：“这是他的风格嘛！”如果这文章就出自其中一人之手，这句话就变成“这是我的风格嘛！”撇开这种“泛风格论”不算，究竟什么是风格，很值得研究。我没读过风格学的论著，没法子引经据典来说明，姑且从一个普通读者的角度来说几句。

我还是相信孔老先生的话：“修辞立其诚。”就是说，不管是写人、写事、写物、写景，写的都是自己的观察，自己的感受；不玩弄词语，不玩弄读者。有了这个前提，这才可以谈这风格那风格。否则只会成为假古董。

这里举两种“风格”做例子。一种是“自作多情”，这是比较常见的一种。

（37）乘晨曦，采一把带露的鲜花，摘几枝含苞的杨柳，这是时间留下的见证……

我看见，你们用炽热的鲜血浇出青松绿杉的圈圈年轮；高楼矗起，你们向宇宙探讨着人生……

时间啊！有时像雷电一闪而过，……有时把希望、回忆压缩在流水之中。（《人民日报》1981年6月19日第八版《时间面前的年轻人》）

（38）跨过长江，仍然是一马平川。离江渐远，树和草便愈觉不如江南的鲜嫩翠绿。但是，有莽莽黄土塬壮其声色，衬其灵骨，我不觉被北方植树那种不羁与韧拔所叹服。

在江北匆匆的旅次中，我有幸享受了土地主人的好客，细细品味了这绿色之子的款款心曲。这皖地风格的旅馆花窗外，便是一大片草地。土质看上去极贫瘠。草根与土，除了精神默然相契外，那根系的发达，想必全赖于土地幽远幽远的亲情了。月见草呵！（《人民日报》1988年7月19日第八版《月见草》）

初看这两篇文章，即景生情，参以哲理，很像是相当不错的所谓抒情散文。可是禁不起推敲。拿（37）说，“含苞的杨柳”是个什么样儿？又怎么是“时间留下来的见证”？怎么“用鲜血浇出……年轮”？怎么“向宇宙探讨着人生”？时间怎么“压缩”希望？又怎么“压缩”回忆？并且把它们“压缩”在流水之中？再看（38），既是“一马平川”，又哪来的“莽莽黄土塬”？什么叫作“壮其声色，衬其灵骨”？一个人怎么被什么什么所叹服？什么叫作“绿色之子的款款心曲”？这些都是十分费解的。堆砌一些漂亮的字眼，形成一种扭扭捏捏的花腔，只能吸引一部分缺少文学修养的中学生。

另一种文章的“风格”很难用几个字来概括，姑且说是“生涩”和“飘逸”的混合物吧。这种文章并不多见，下面举一个例子，是因为它曾经受到刊物编者的特别赞赏。这是一篇小说，有几千字长，这里只能引几小段。

（39）河水又从容，旷古皆然的来而且去。然而小船并不漂走，固然绳索，业已烂断。——抑或没有风的缘故吧。

……一个细伢子……喊另一个细伢子名字。嘴巴小去时，便听到自己声音长长短短射远。忽然背上就有了些些冷。就从裤裆里掏出一线尿来。

但凫水的人似乎上了沙渚，小小黑点遂为柳烟所没。唯浅浅笑语一朵朵黯然地开。残月如慈眉。

其时，柳烟里的人站起来……就一阵阵生了凉意，清寂着一张面。何况真是有了细细风，远远来而且远远去。（《人民文学》1985年9期）

一望而知，作者是在模仿沈从文的风格。但是沈从文的风格是“只此一家”，别人要学他就有画虎不成的危险。从文先生的文章，无论是小说还是记事，都植根于对他故乡的人和事的深深的眷恋，其感人在此。至于他的文章的风格倒并不一定是跟内容不可分割的。或者也可以说，他的行文寓巧于拙，以冷隽掩盖热情，产生一种特殊的效果。没有他的生活感受而刻意模仿，斤斤于形似，效果是不会好的。这里用得着鸠摩罗什的一句有名的话："学我者病。"

仿佛记得有一位外国学者说过"无风格是大风格"之类的话，也就是说，看不出有什么个人特点而只是处处妥帖的文章是最好的文章。我觉得这句话很有意思。

文学语言不规范现象的三个原因

当前文学语言中各种不规范现象的存在有三方面原因。首先是有的作家心里面有这样一种想法，就是语言上要出奇制胜。他们觉得按一般人文字的样子去写，不出色，说得奇怪一点，人家就注意了。

第二，编辑不负责任。作家的语言中难免有些字句不妥之处，很多编辑同志一概不管——你怎么写，我就给你怎么登。

第三，读者分不出什么是好，什么是不好。读者水平低，作家的水平也就提不高。现在有些读者分不出好坏。就像穿衣服这件事，街上有的人穿得花哨。如果花哨得合乎时令，合乎这一位的体型，大家自然会觉得你这样好看。也有的人只知道花哨，对剪裁合不合身材，合不合时令，莫名其妙，那就不好看了。但是许多路上的人，对于这两种不同寻常的服装，分不出好坏，没有辨别的能力。有些读者只要看见你稍微怪一点，就说：“嘿，好！好！”当然作家就觉得受欢迎，就按这个路子走下去了。假如读者觉得作家的出奇出格毫无道理，不欢迎，作家也就不这么写了。

当然，不能要求作家写的东西跟普通人说话一模一样，不许稍微特殊一些，不能这样要求。但是作家语言特殊要特殊得好，特殊得美才对。总地说，能否允许文学家的语言不完全合乎一般规范的问题，不能简单地看作是作者的问题，跟编辑有关系，跟读者也有关系。

风格问题?

有些文学作品里边出现欠通顺的语句，可是谁要是提出批评，就有人说这完全是风格问题，一个作家应该有自己的风格嘛！这里有一个例子，见于《小说选刊》1986年5期50页。

> 崖畔上长着竹，皆瘦，死死地咬着岩缝，繁衍绿；一少年将竹捆五个草中，明六个地掀下崖底乱石丛里了，砍刀就静落亮亮的，像失遗的一柄弯月。

这里边在字底下打点儿的词语，或者是现代汉语不这么说，或者显然是生造，或者简直不知道是什么意思。

这几行是问题比较集中，底下也还不断地有类似的词语：

乌鸦没有发现石板下的藏物（50页）

便发现自己在竹林里形影俱清，肌发也为绿了（50页）

七八个人负重了湿竹走在作坊前的土场上（51页）

和少年子讨价还价，论高论低，黑封了脸（52页）

却新式水泥楼阁立锥地而拔起（55页）

但他装傻，取人以悦，只是憨笑（55页）

他不收我的竹子，我有何奈？（56页）

江上却平阔一片，荡荡浩流，两岸诸峰岁列，一痕苍青，碧宇空悬，一弯残月，明迷云光铺洒身前身后（58页）

如果说这不过是风格问题，我想知道这是一种什么风格。

关于做诗的一封信

××同志：

大作我看完了，也写了一些零碎意见。但是我没有做诗的经验，只有读诗的经验，写的意见是从读者的角度出发的，未必能体会做诗的甘苦，聊供参考而已。

个人的意见，诗一定要有节奏。节奏有显明的，有隐蔽的。所说隐蔽的节奏，指的是初读似乎无节奏，细读才感觉其中有节奏。如果多读之后仍然感觉不出其中的节奏，那就是散文了。显明的节奏比较容易安排，隐蔽的节奏比较难，学写诗的人总是要从显明的节奏入手，纯熟之后才能转入隐蔽的一路。这也跟写字一样，只有把楷书写好之后才能写草字，如果一上手就写草书，那是写不好的。

从诗中用词和造句来说，也有类似情况。如果处处都是文从句顺，就跟散文相同。一定要炼词炼句，炼到初读似乎有点“出格”，甚至不好懂，但是细读之后才发觉不但可以懂，并且十分妙。但这也是要从文从句顺入手，然后进一步锻炼。如果一起头就用那种似可解似不可解的词法句法，往往写成真的不可解。那就既不像诗也不像散文了。

不知道你是不是同意这种看法？当然，做诗的问题很复杂，对于诗的内容我完全没有触及，就是语言方面，我说的也不免有简单化的嫌疑。不过我只能说这么点儿，进一步的道理你就得向诗人们请教了。即颂

吟安！

吕叔湘

1979年8月13日

从改诗的笑话说起

相传有两个改诗的笑话。

其一：有人说“清明时节雨纷纷，路上行人欲断魂。借问

酒家何处有？牧童遥指杏花村”这首诗太啰嗦，每句头上的两个字都应当去掉。他说：随便什么时候都可以下雨，何必清明。行人总是在路上，不言而喻。酒家何处有？已是问话，借问多余。路上的人都会指点杏花村，不光是牧童。因此这一首七绝应当改成五绝：“时节雨纷纷，行人欲断魂。酒家何处有？遥指杏花村。”

其二：有人说“久旱逢甘雨，他乡遇故知，洞房花烛夜，金榜挂名时”这首诗太平淡了，需要加一把劲，在每句头上加两个字。经他改造过的这首诗是：“十年久旱逢甘雨，千里他乡遇故知，和尚洞房花烛夜，童生金榜挂名时。”

这些当然都是笑话，修改诗句的依据大多数是歪理，但是也不能说没有一句改得有三分道理。比如“千里他乡遇故知”就不一定不如“他乡遇故知”。这也说明鲁迅先生“写完后至少看两遍，竭力将可有可无的字、句、段删去，毫不可惜”的教导，应用到具体的例子上去并不是处处都很容易做到，因为究竟哪些是“可有可无”，有时候是很难说的。如果我们把上面的诗句的原本和改本拿去征求从来没有读过原诗的人的意见，是不是句句都是原本得多数票，也还难说呢。

为什么老师改学生的作文，编辑改投稿人的稿子，学生和投稿人往往不服，这里边当然有“儿子是自己的好”的心理作用，可是也不能说其中没有“得失寸心知”的因素。

我这样说，没有取消鲁迅先生的话的意思。我丝毫没有这种意思。我的意思倒是要劝写文章的人认真照鲁迅先生的话去做。鲁迅先生说“至少看两遍”是经验之谈，看一遍是不够的。还有一点鲁迅先生没有明说，但是也很要紧，就是，看的时候不要只从自己的角度去看，还要从读者（包括老师和编辑）的角度去看，才能发现哪些字、句、段是可有可无的。总之不要写完之后一遍都不看就交上去或寄出去就是了。

国家新闻出版广电总局

首届向全国推荐中华优秀传统文化普及图书

大家小书书目

国学救亡讲演录	章太炎　著　蒙　木　编
门外文谈	鲁　迅　著
经典常谈	朱自清　著
语言与文化	罗常培　著
习坎庸言校正	罗　庸　著　杜志勇　校注
鸭池十讲（增订本）	罗　庸　著　杜志勇　编订
古代汉语常识	王　力　著
国学概论新编	谭正璧　编著
文言尺牍入门	谭正璧　著
日用交谊尺牍	谭正璧　著
敦煌学概论	姜亮夫　著
训诂简论	陆宗达　著
金石丛话	施蛰存　著
常识	周有光　著　叶　芳　编
文言津逮	张中行　著
经学常谈	屈守元　著
国学讲演录	程应镠　著
英语学习	李赋宁　著
中国字典史略	刘叶秋　著
语文修养	刘叶秋　著
笔祸史谈丛	黄　裳　著
古典目录学浅说	来新夏　著
闲谈写对联	白化文　著
汉字知识	郭锡良　著
怎样使用标点符号（增订本）	苏培成　著
汉字构型学讲座	王　宁　著

诗境浅说	俞陛云　著
唐五代词境浅说	俞陛云　著
北宋词境浅说	俞陛云　著
南宋词境浅说	俞陛云　著
人间词话新注	王国维　著　滕咸惠　校注
苏辛词说	顾　随　著　陈　均　校
诗论	朱光潜　著
唐五代两宋词史稿	郑振铎　著
唐诗杂论	闻一多　著
诗词格律概要	王　力　著
唐宋词欣赏	夏承焘　著
槐屋古诗说	俞平伯　著
词学十讲	龙榆生　著
词曲概论	龙榆生　著
唐宋词格律	龙榆生　著
楚辞讲录	姜亮夫　著
读词偶记	詹安泰　著
中国古典诗歌讲稿	浦江清　著
	浦汉明　彭书麟　整理
唐人绝句启蒙	李霁野　著
唐宋词启蒙	李霁野　著
唐诗研究	胡云翼　著
风诗心赏	萧涤非　著　萧光乾　萧海川　编
人民诗人杜甫	萧涤非　著　萧光乾　萧海川　编
唐宋词概说	吴世昌　著
宋词赏析	沈祖棻　著
唐人七绝诗浅释	沈祖棻　著
道教徒的诗人李白及其痛苦	李长之　著
英美现代诗谈	王佐良　著　董伯韬　编
闲坐说诗经	金性尧　著
陶渊明批评	萧望卿　著

古典诗文述略	吴小如　著
诗的魅力 ——郑敏谈外国诗歌	郑　敏　著
新诗与传统	郑　敏　著
一诗一世界	邵燕祥　著
舒芜说诗	舒　芜　著
名篇词例选说	叶嘉莹　著
汉魏六朝诗简说	王运熙　著　董伯韬　编
唐诗纵横谈	周勋初　著
楚辞讲座	汤炳正　著 汤序波　汤文瑞　整理
好诗不厌百回读	袁行霈　著
山水有清音 ——古代山水田园诗鉴要	葛晓音　著
红楼梦考证	胡　适　著
《水浒传》考证	胡　适　著
《水浒传》与中国社会	萨孟武　著
《西游记》与中国古代政治	萨孟武　著
《红楼梦》与中国旧家庭	萨孟武　著
《金瓶梅》人物	孟　超　著　张光宇　绘
水泊梁山英雄谱	孟　超　著　张光宇　绘
水浒五论	聂绀弩　著
《三国演义》试论	董每戡　著
《红楼梦》的艺术生命	吴组缃　著　刘勇强　编
《红楼梦》探源	吴世昌　著
《西游记》漫话	林　庚　著
史诗《红楼梦》	何其芳　著 王叔晖　图　蒙　木　编
细说红楼	周绍良　著
红楼小讲	周汝昌　著　周伦玲　整理

曹雪芹的故事	周汝昌 著 周伦玲 整理
古典小说漫稿	吴小如 著
三生石上旧精魂 ——中国古代小说与宗教	白化文 著
《金瓶梅》十二讲	宁宗一 著
中国古典小说十五讲	宁宗一 著
古体小说论要	程毅中 著
近体小说论要	程毅中 著
《聊斋志异》面面观	马振方 著
《儒林外史》简说	何满子 著
我的杂学	周作人 著 张丽华 编
写作常谈	叶圣陶 著
中国骈文概论	瞿兑之 著
谈修养	朱光潜 著
给青年的十二封信	朱光潜 著
论雅俗共赏	朱自清 著
文学概论讲义	老 舍 著
中国文学史导论	罗 庸 著 杜志勇 辑校
给少男少女	李霁野 著
古典文学略述	王季思 著 王兆凯 编
古典戏曲略说	王季思 著 王兆凯 编
鲁迅批判	李长之 著
唐代进士行卷与文学	程千帆 著
说八股	启 功 张中行 金克木 著
译余偶拾	杨宪益 著
文学漫识	杨宪益 著
三国谈心录	金性尧 著
夜阑话韩柳	金性尧 著
漫谈西方文学	李赋宁 著
历代笔记概述	刘叶秋 著

周作人概观	舒 芜 著
古代文学入门	王运熙 著 董伯韬 编
有琴一张	资中筠 著
中国文化与世界文化	乐黛云 著
新文学小讲	严家炎 著
回归，还是出发	高尔泰 著
文学的阅读	洪子诚 著
中国文学1949—1989	洪子诚 著
鲁迅作品细读	钱理群 著
中国戏曲	么书仪 著
元曲十题	么书仪 著
唐宋八大家——古代散文的典范	葛晓音 选译
辛亥革命亲历记	吴玉章 著
中国历史讲话	熊十力 著
中国史学入门	顾颉刚 著 何启君 整理
秦汉的方士与儒生	顾颉刚 著
三国史话	吕思勉 著
史学要论	李大钊 著
中国近代史	蒋廷黻 著
民族与古代中国史	傅斯年 著
五谷史话	万国鼎 著 徐定懿 编
民族文话	郑振铎 著
史料与史学	翦伯赞 著
秦汉史九讲	翦伯赞 著
唐代社会概略	黄现璠 著
清史简述	郑天挺 著
两汉社会生活概述	谢国桢 著
中国文化与中国的兵	雷海宗 著
元史讲座	韩儒林 著

魏晋南北朝史稿	贺昌群　著
汉唐精神	贺昌群　著
海上丝路与文化交流	常任侠　著
中国史纲	张荫麟　著
两宋史纲	张荫麟　著
北宋政治改革家王安石	邓广铭　著
从紫禁城到故宫——营建、艺术、史事	单士元　著
春秋史	童书业　著
明史简述	吴　晗　著
朱元璋传	吴　晗　著
明朝开国史	吴　晗　著
旧史新谈	吴　晗　著　习　之　编
史学遗产六讲	白寿彝　著
先秦思想讲话	杨向奎　著
司马迁之人格与风格	李长之　著
历史人物	郭沫若　著
屈原研究（增订本）	郭沫若　著
考古寻根记	苏秉琦　著
舆地勾稽六十年	谭其骧　著
魏晋南北朝隋唐史	唐长孺　著
秦汉史略	何兹全　著
魏晋南北朝史略	何兹全　著
司马迁	季镇淮　著
唐王朝的崛起与兴盛	汪　篯　著
南北朝史话	程应镠　著
二千年间	胡　绳　著
论三国人物	方诗铭　著
辽代史话	陈　述　著
考古发现与中西文化交流	宿　白　著
清史三百年	戴　逸　著

清史寻踪	戴　逸　著
走出中国近代史	章开沅　著
中国古代政治文明讲略	张传玺　著
艺术、神话与祭祀	张光直　著
	刘　静　乌鲁木加甫　译
中国古代衣食住行	许嘉璐　著
辽夏金元小史	邱树森　著
中国古代史学十讲	瞿林东　著
历代官制概述	瞿宣颖　著
宾虹论画	黄宾虹　著
中国绘画史	陈师曾　著
和青年朋友谈书法	沈尹默　著
中国画法研究	吕凤子　著
桥梁史话	茅以升　著
中国戏剧史讲座	周贻白　著
中国戏剧简史	董每戡　著
西洋戏剧简史	董每戡　著
俞平伯说昆曲	俞平伯　著　陈　均　编
新建筑与流派	童　寯　著
论园	童　寯　著
拙匠随笔	梁思成　著　林　洙　编
中国建筑艺术	梁思成　著　林　洙　编
沈从文讲文物	沈从文　著　王　风　编
中国画的艺术	徐悲鸿　著　马小起　编
中国绘画史纲	傅抱石　著
龙坡谈艺	台静农　著
中国舞蹈史话	常任侠　著
中国美术史谈	常任侠　著
说书与戏曲	金受申　著
世界美术名作二十讲	傅　雷　著

中国画论体系及其批评	李长之　著
金石书画漫谈	启　功　著　赵仁珪　编
吞山怀谷 ——中国山水园林艺术	汪菊渊　著
故宫探微	朱家溍　著
中国古代音乐与舞蹈	阴法鲁　著　刘玉才　编
梓翁说园	陈从周　著
旧戏新谈	黄　裳　著
民间年画十讲	王树村　著　姜彦文　编
民间美术与民俗	王树村　著　姜彦文　编
长城史话	罗哲文　著
天工人巧 ——中国古园林六讲	罗哲文　著
现代建筑奠基人	罗小未　著
世界桥梁趣谈	唐寰澄　著
如何欣赏一座桥	唐寰澄　著
桥梁的故事	唐寰澄　著
园林的意境	周维权　著
万方安和 ——皇家园林的故事	周维权　著
乡土漫谈	陈志华　著
现代建筑的故事	吴焕加　著
中国古代建筑概说	傅熹年　著
简易哲学纲要	蔡元培　著
大学教育	蔡元培　著 北大元培学院　编
老子、孔子、墨子及其学派	梁启超　著
春秋战国思想史话	嵇文甫　著
晚明思想史论	嵇文甫　著
新人生论	冯友兰　著

中国哲学与未来世界哲学	冯友兰　著
谈美	朱光潜　著
谈美书简	朱光潜　著
中国古代心理学思想	潘　菽　著
新人生观	罗家伦　著
佛教基本知识	周叔迦　著
儒学述要	罗　庸　著　杜志勇　辑校
老子其人其书及其学派	詹剑峰　著
周易简要	李镜池　著　李铭建　编
希腊漫话	罗念生　著
佛教常识答问	赵朴初　著
维也纳学派哲学	洪　谦　著
大一统与儒家思想	杨向奎　著
孔子的故事	李长之　著
西洋哲学史	李长之　著
哲学讲话	艾思奇　著
中国文化六讲	何兹全　著
墨子与墨家	任继愈　著
中华慧命续千年	萧萐父　著
儒学十讲	汤一介　著
汉化佛教与佛寺	白化文　著
传统文化六讲	金开诚　著　金舒年　徐令缘　编
美是自由的象征	高尔泰　著
艺术的觉醒	高尔泰　著
中华文化片论	冯天瑜　著
儒者的智慧	郭齐勇　著

中国政治思想史	吕思勉　著
市政制度	张慰慈　著
政治学大纲	张慰慈　著
民俗与迷信	江绍原　著　陈泳超　整理

政治的学问	钱端升　著　钱元强　编
从古典经济学派到马克思	陈岱孙　著
乡土中国	费孝通　著
社会调查自白	费孝通　著
怎样做好律师	张思之　著　孙国栋　编
中西之交	陈乐民　著
律师与法治	江　平　著　孙国栋　编
中华法文化史镜鉴	张晋藩　著
新闻艺术（增订本）	徐铸成　著
经济学常识	吴敬琏　著　马国川　编
中国化学史稿	张子高　编著
中国机械工程发明史	刘仙洲　著
天道与人文	竺可桢　著　施爱东　编
中国医学史略	范行准　著
优选法与统筹法平话	华罗庚　著
数学知识竞赛五讲	华罗庚　著
中国历史上的科学发明（插图本）	钱伟长　著

出版说明

“大家小书”多是一代大家的经典著作，在还属于手抄的著述年代里，每个字都是经过作者精琢细磨之后所拣选的。为尊重作者写作习惯和遣词风格、尊重语言文字自身发展流变的规律，为读者提供一个可靠的版本，“大家小书”对于已经经典化的作品不进行现代汉语的规范化处理。

提请读者特别注意。

北京出版社